당신의 삶을 변화시키는 명언들
동양명언집

당신의 삶을 변화시키는 명언들

동양명언집

이원복
편저

브라운힐
BrownHillPub

고대에서 현재에 이르기까지, 동서(東西)의 각 분야 대표 인물들이 우리 인류사에 남겨준 그야말로 주옥같은 명언만을 추려서 수록했다.

인간으로 이 세상에 태어나서 어찌 인간답지 못한 삶을 살 수 있겠는가. 누구나 자신의 인격을 꾸준히 수양하면, 마음은 선량한 데서 떠나지 않을 것이며, 행동은 올바른 도리에서 벗어나지 않을 것이다.

이 책 속에서 동서의 위인들은 착한 일을 하는 사람에게는 하늘이 복으로써 갚고, 악한 일을 하는 사람에게는 하늘이 재앙으로써 갚는다고 한결같이 말하고 있다.

사실 착한 행실은 선량한 마음에서 나오고, 악한 행실은 악한 마음에서 나온다. 그러므로 착한 행실을 하려면 먼저 마음부터 선량하게 닦아야 할 것이다.

영국의 수상이었던 처칠 경은 그의 저서인 <나의 어린 시절>에서 "교육을 많이 받지 못한 사람은 명언집을 많이 읽는 것이 좋다. 버트레트 러셀의 문집은 우리가 기억할 만한 글들이 가득해서, 나는 그것을 열심히 암송했다"고 술회하고 있다.

그러나 오늘날 우리나라의 청소년들은 마음에 교훈이 되는 책을 멀리하고 자극적인 재미만 찾는 것 같아 사뭇 안타깝다. 청소년 범죄가 날로 격증하고 있는 것이나, 사회적 도덕관념이 날로 무너져 가고 있는 것도 이러한 풍조에서 기인하는 것이 아닌가 하는 생각이 없지 않다.

사실 오늘날과 같은 현실에서 살아가고 있는 현대인은 누구나 시간에 쫓겨서 산다. 그러한 속에서 배우고 알아야 할 정보가 너무나 많다 보니, 무엇부터 공부해야 할지 몰라

차라리 포기하거나 방황하는 경우도 적지 않다.

그리하여 이 책에서는 읽기에 쉽도록 주제별로 내용을 나누어서 구성했다. 먼저 자기 자신의 마음을 들여다보고, 그런 다음 타인과의 관계를 생각해 볼 수 있는 기회로 삼으면 삶의 양식이 될 것이 분명하다.

마음을 밝혀 주는 이 보배로운 명언들을 되풀이하여 읽고 또 읽어서 자신의 마음을 평화로운 상태에 놓이게 하고, 세상과 어떻게 화합하며 살아갈 것인지에 대해 다시 한번 생각해 보는 기회가 되길 진심으로 바란다.

2009년 9월
편저자 이 원 복

■ 차 례

머리말

인간의 본성

지금 사람들은 스승과 법도에 교화(敎化)된다.
학문을 쌓고 예의를 실천하는 사람을 군자(君子)라 하고, 본
성(本性)과 감정을 멋대로 버려둔 채 성나는 대로 행동하며
예의를 어기는 자를 소인(小人)이라 한다.
이렇게 본다면 사람의 본성은 악(惡)함이 분명하며, 본성이
선(善)하다는 것은 거짓이다. ☞ 순자(荀子)

무릇 사람들이 선해지고자 하는 것은 본성이 악하기 때문이다.
대개 세상 사람들은 얇으면 두터워지기를 바라고, 보기 흉하
면 아름다워지기를 바라며, 좁으면 넓어지기를 바라고, 가난
하면 부(富)해지기를 바라며, 천하면 귀해지기를 바란다.
진실로 자기 가운데 없는 것은 반드시 밖에서 구하게 되는
법이다. ☞ 순자(荀子)

사람은 태어나서 늙을 때까지, 얼굴과 모습과 지혜와 행동이 하루도 변하지 않는 날이 없다. ☞ 죽태(粥態)

사람의 본성이 악하다면 예의는 어떻게 생겨났는가?
성인(聖人)은 생각을 쌓고 작위(作爲)를 익혀서, 그것으로써 예의를 만들어내고 법도를 제정한다.
그러나 예의와 법도는 성인의 작위에 의해서 생겨난 것이지, 본시 사람의 본성으로부터 생겨난 것이 아니다.
눈[目]이 색깔을 좋아하고, 귀가 소리를 좋아하며, 입이 맛을 좋아하고, 마음이 이익을 좋아하며, 신체의 피부 그리고 근육이 상쾌하고 편안함을 좋아하는데, 이것은 모두 사람의 감정과 본성으로부터 생겨나는 것이다.
그러므로 성인이 여러 사람들과 다름없는 것이 본성이고, 여러 사람들과 다르고도 훨씬 뛰어난 것이 작위인 것이다.
☞ 순자(荀子)

사람을 살피는 데는 눈동자를 보는 것 만한 것이 없다. 눈동자는 그의 악함을 은폐하지 못한다.
가슴속이 바르면 눈동자가 밝고, 가슴속이 바르지 못하면 눈동자가 어둡다. 그러므로 그의 말을 들으면서 그 눈동자를 바라보면 어찌 내심을 숨길 수 있으랴. ☞ 맹자(孟子)

지위(地位)가 천자(天子)라고 해서 반드시 귀한 것은 아니고, 빈궁한 필부(匹夫)라고 해서 반드시 천한 것은 아니다. 귀천(貴賤)의 구분은 그 행동의 선악에 있기 때문이다.

☞ 자장(子張)

가정을 다스리는 데는 네 가지 가르침이 필요할지니, 그것은 근면함과 검소함과 공손함과 너그러움이다.　☞ 왕유(王游)

글을 읽음은 집을 지키는 근본이요, 이치를 좇음은 집을 보존하는 근본이다.
부지런하고 검소함은 집을 다스리는 근본이요, 화순(和順)함은 집을 정제(整齊)하는 근본이다.　☞ 〈명심보감(明心寶鑑)〉

사람의 입을 굴복시키기는 쉬워도, 그의 마음을 굴복시키는 것은 어렵다.

☞ 장자(莊子)

마음의 본체는 넓고, 크고, 비었고, 밝아 만 가지 이치를 다 갖추고 있다.
그러므로 이를 잘 길러 해침이 없다면 천지(天地)와 같이 크고, 일월(日月)과 같이 밝으며, 크기는 만물(萬物)을 능히 담을 수 있다.　☞ 이언적(李彦迪) 〈회재집(晦齋集)〉

집안사람에게 허물이 있더라도 몹시 성내거나 가볍게 버리지 마라. 그 일을 말하기 어려우면 다른 일에 비유하여 은근히 깨우쳐라.

오늘 깨닫지 못하거든 내일을 기다려 다시 경계하라. 봄바람이 언 것을 풀듯, 화기(和氣)가 얼음을 녹이듯 하라. 이것이 곧 가정의 규범이다.　☞ 홍자성(洪自誠)〈채근담(菜根譚)〉

가슴속에 꾸미고 조작하는 간교한 마음을 지니고 있으면, 새하얀 도가 깨끗할 수 없고, 정신적 덕성(德性)이 온전할 수 없다.

내 몸에 깃든 사악한 마음을 알지 못한 채 이를 쫓아내지 못하면서, 어찌 남들이 먼 곳에서 자기에게 덕(德)을 베풀거나 사모(思慕)하여 주기를 바랄 수 있겠는가.

☞ 회남자(淮南子)

입은 화를 불러오는 문이요, 혀는 목을 베는 칼이다.
입을 닫고 혀를 깊이 감추면, 몸이 어느 곳에서나 편안하리라.
☞ 연산군(燕山君)〈해동야언삼(海東野言三)〉

교묘한 언변(言辯)과 풍부한 표정에서는 진실성을 찾기 힘들다.　☞ 공자(孔子)〈논어(論語)〉

무릇 눈으로 마구 보면 눈이 흐려지고, 귀로 마구 들으면
귀가 어지러워지며, 입으로 마구 말하면 입이 난잡해진다.
이들을 잘 꾸미고자 애를 쓰면 도리어 망치고 말 것이므로,
이들을 잘 간직하기 위해서는 이들을 멀리 떨어진 듯 쓰지
말아야 한다.　　　　　　　　　　　☞ 회남자(淮南子)

사람의 마음이란 지극히 미묘한 것이어서, 말로써 이해할
수도 없고, 생각으로써 깨달을 수도 없으며, 침묵으로써도
통할 수 없다.　　☞ 보우(普愚)〈태고화상어록(太古和尚語錄)〉

귀로 듣지 말고 마음으로 듣고, 마음으로 듣지 말고 기(氣)로
들으라.
들리는 것은 귀에 그치고, 마음은 아는 것에 그친다.
그러나 기(氣)는 공허한 상태에서 사물(事物)을 받아들인다.
　　　　　　　　　　　　　　　　　　☞ 공자(孔子)

피로한 눈으로 허공을 보면 허공의 별꽃이 어지럽고, 어지러
운 마음으로 잠에 들면 꿈자리가 뒤숭숭하다.
어지러운 별꽃을 꺼리지 말고, 눈을 먼저 바르게 하라.
꿈자리가 뒤숭숭함을 괴이하다 말고, 마음을 먼저 깨끗이
하라.　　　☞ 지눌(知訥)〈진각국사어록(眞覺國師語錄)〉

부디 사람의 마음에 간섭하지 말도록 조심하라. 사람의 마음이란 깎아내릴 수도 있고 추켜올릴 수도 있는 것이다.

유화(柔和)로써 강함을 부드럽게 할 수도 있고, 강함으로써 이를 깎아내릴 수도 있다.

달면 불길처럼 뜨거워지고, 식으면 얼음처럼 차가워진다.

가만있으면 연못처럼 고요해지고, 움직이면 하늘까지 뛰어오른다.

사나운 말처럼 가만히 매어져 있지 않는 것, 이것이 곧 사람의 마음이다.

☞ 장자(莊子)

마음속에 악(惡)함을 지닌 채 말을 하거나 행동하면 죄(罪)와 괴로움이 저절로 따라온다. 마치 수레바퀴 뒤에 자국이 따르는 것처럼……

☞〈법구경(法句經)〉

아들이 태어날 때 어머니가 위태롭고 전대에 돈이 쌓이면 도둑이 엿보나니, 어느 기쁨이 근심 아닌 것이 있으랴.

가난을 다스려 절용(節用)할 것이요, 병을 다스려 몸을 보전할 것이니, 어느 근심이 기쁨 아닌 것이 있으랴.

그러므로 달인(達人)은 마땅히 순(順)과 역(逆)을 같이 보며, 기쁨과 슬픔을 둘 다 잊는다.

☞ 홍자성(洪自誠)〈채근담(菜根譚)〉

마음에 있지 않으면 보아도 보이지 않고, 들어도 들리지 않고, 먹어도 그 맛을 모른다.

이리하여 몸을 닦는 것은 마음을 바로잡는 데 있다고 이르는 것이다. ☞ 공자(孔子) 〈대학(大學)〉

원헌(原憲)은 노(魯)나라에서 가난하게 지냈고, 자공(子貢)은 위(衛)나라에서 재물을 불렸다.

원헌의 가난함은 삶을 손상시켰고, 자공의 재물 증식은 몸에 누를 끼쳤다.

그러나 가난한 것도 안 되지만 재물을 불리는 것도 안 된다. 그러면 어떻게 해야만 괜찮은가?

괜찮은 것은 삶을 즐기는 데 있으며, 괜찮은 것은 몸을 편안히 하는 데 있다. 그러므로 삶을 즐기는 사람은 가난하지 않고, 몸을 편안히 하는 사람은 재물을 불리지도 않는다. ☞ 양주(楊朱) 〈열자(列子)〉

오로지 마음만을 기르는 사람은 나날이 자기의 부족함을 알게 되지만, 오로지 지식과 견문(見聞)만을 추구하는 사람은 나날이 자기가 늘어가고 있음을 알게 된다.

그러나 나날이 부족함을 아는 사람은 넉넉해지지만, 나날이 늘어 감을 아는 사람은 부족해질 것이다. ☞ 왕양명(王陽明)

탐욕(貪慾)에서 근심이 생기고, 탐욕에서 두려움이 생긴다.
탐욕에서 벗어나면 무엇이 근심이며, 무엇이 두려움이랴.

☞ 〈법구경(法句經)〉

대저 걱정을 한다는 것은 창성(昌盛)하는 원인이 되며, 기뻐
한다는 것은 망하는 원인이 되는 것이다.
승리 자체가 어려운 것이 아니라, 그것을 유지하는 것이 어
려운 것이다.

☞ 공자(孔子)

폭군(暴君)의 대표로 불리는 걸왕(桀王)에게도 취할 만한 업
적이 있었고, 성군(聖君)의 으뜸으로 꼽히는 요(堯)임금에게
도 실수가 있었다.
추녀의 대명사로 불리는 모모(嫫母)에게도 좋은 점이 있었고,
미녀의 으뜸으로 치는 서시(西施)에게도 나쁜 점이 있었다.
그러므로 멸망한 나라의 법에도 추려 따를 만한 점이 있고,
잘 다스려지는 나라의 기풍 속에도 비난할 만한 점이 있는
것이다.

☞ 회남자(淮南子)

근심하고 걱정할 때에 복(福)과 경사의 토대가 이루어지고,
잔치하고 편안히 지낼 때에 재앙의 독이 싹튼다.

☞ 김시습(金時習) 〈매월당집(梅月堂集)〉

의로운 선비는 천승(千乘)을 사양하고, 탐욕한 사람은 한 푼의 돈으로 다툰다. 인품이야 하늘과 땅의 사이로되, 명예를 좋아함은 재리(財利)를 좋아함과 다르지 않다.

천자(天子)는 나라를 다스림에 생각을 괴롭히고, 거지는 음식을 얻으려고 부르짖는다. 신분은 하늘과 땅 사이지만, 초조한 생각이 애타는 소리와 무엇이 다르겠는가.

☞ 홍자성(洪自誠)〈채근담(菜根譚)〉

뿌리가 깊이 박힌 나무는 베어내도 움이 다시 돋는다.
욕심을 뿌리째 뽑지 않으면, 다시 자라 괴로움을 받게 된다.

☞〈법구경(法句經)〉

모진 돌이나 둥근 돌이나 다 쓰이는 용처(用處)가 있는 법이니, 다른 사람의 성격이 다 나와 같지 않다 하여 나무랄 일이 아니다.

☞ 안창호(安昌浩)'동지(同志)들께 주는 글'

정도(正道)를 행하는 사람은 돕는 사람이 많고, 무도(無道)를 행하는 사람은 돕는 사람이 적다.

돕는 사람이 몹시 적을 경우에는 친척마다 등을 돌리고, 돕는 사람이 몹시 많을 경우에는 천하가 다 따라오느니라.

☞ 맹자(孟子)

천하에 도(道)가 행해지면, 군마(軍馬)는 해산되어 농사에 쓰이게 된다. 하지만 천하에 도가 행해지지 않을 때는, 군마가 도성의 교외에서 새끼를 낳을 것이다.

재앙은 만족함을 알지 못하는 것보다 더 큰 것이 없고, 허물은 끝없이 얻고자 하는 욕망보다 더 큰 것이 없다.

그러므로 만족할 줄 아는 것이야말로 가장 큰 넉넉함이다.

☞ 노자(老子)

좋은 활은 잡아당기기는 어려우나, 높이 올라갈 수 있고 깊이 들어갈 수 있다.

좋은 말은 타기는 힘드나, 무거운 짐을 싣고 멀리 갈 수 있다.

훌륭한 인재는 부리기는 어려우나, 임금을 이끌어 존귀(尊貴)함을 드러내줄 수 있다.

☞ 묵자(墨子)

남의 사소한 결점을 드러내어 그 사람의 큰 미덕을 덮는다면, 온 천하에 성왕(聖王)이나 현명한 재상(宰相)이 한 사람도 있을 수 없을 것이다.

☞ 회남자(淮南子)

남의 허물을 듣거든 마치 부모의 이름을 듣는 것과 같이 하여, 귀로는 들을지언정 입으로는 말하지 마라.

☞ 마원(馬援)

술잔치의 즐거움이 잦은 집은 훌륭한 집이 아니요, 명성을 좋아하고 화려한 것을 즐기는 이는 훌륭한 선비가 아니며, 높은 자리와 성(盛)한 이름을 중히 생각함은 훌륭한 신하가 아니다.

☞ 홍자성(洪自誠)〈채근담(菜根譚)〉

한 사람에게 대지(大地)의 곡물을 다 주고, 또한 강물을 다 준다 치고, 그 사람이 배가 고파 마구 먹고, 목이 말라 마구 마신다 해도, 그 사람의 뱃속을 채우는 것은 고작 도시락의 밥이고, 표주박의 물에 지나지 않으며, 그것으로 그 사람은 포만하게 될 것이다. 그렇다고 대지의 곡식이 줄어들 것도 아니고, 강물이 말라버릴 것도 아니다.

즉 온 대지의 곡식을 독차지했다고 더 배부르게 먹을 수도 없을 것이며, 대지의 곡식을 다 갖지 못했다고 해서 굶주릴 것도 아니다.

결국 둥구미에 곡식을 조금 가지고 있고, 우물에 물이 있을 때와 실질적으로는 같은 것이다.

☞ 회남자(淮南子)

나무에 올라가 물고기를 구함은 그래도 물고기를 얻지 못할 뿐 후환(後患)은 없지만, 만일 당신이 하려는 방법으로 당신의 욕구를 추구한다면 죽도록 애쓴 뒤에 반드시 화(禍)가 따를 것이다.

☞ 맹자(孟子)

입에 맛있는 음식은 모두가 창자를 짓무르게 하고 뼈를 썩게 하는 나쁜 약이므로 실컷 먹지 말고, 5분쯤에 멈추면 재앙이 없으리라.

마음에 쾌한 일은 모두 몸을 망치고 덕을 잃게 하는 중매이므로 너무 탐닉하지 말고, 5분쯤 후에 멈추면 뉘우침이 없으리라.

☞ 홍자성(洪自誠) 〈채근담(菜根譚)〉

어리석은 자는 탐욕으로 몸을 묶어 피안(彼岸)의 세계를 바라볼 줄 모른다. 이 탐욕을 버리지 않으면, 남을 해칠 뿐 아니라 스스로도 망한다.

☞ 〈법구경(法句經)〉

남의 부유(富有)함을 부러워하지 않고, 나의 가난함을 한탄하지 않는다. 또한 오직 삼가야 할 것은 탐욕이며, 두려워할 것은 교만이다.

☞ 소림일다(小林一茶)

탐욕이 많은 사람은 금(金)을 나눠줘도 옥(玉)을 얻지 못함을 한하고, 공(公)에 봉사해도 제후(諸侯)가 못 됨을 불평한다.

☞ 홍자성(洪自誠) 〈채근담(菜根譚)〉

비가 오면 허술한 지붕으로 새듯이, 닦이지 않은 마음에는 탐욕이 스며든다.

☞ 〈법구경(法句經)〉

무릇 사람이란 여유가 있으면 남에게 양보하지만, 부족하면 서로 다투는 경우가 많다. 양보하는 곳에서는 예의가 이루어 지고, 다투는 곳에서는 폭란이 일기 마련이다.

문을 두드리고 물을 청할 때 주지 않는 사람이 없는 것은 물이 많이 있는 까닭이다. 산림 속에서 나무를 팔지 않고, 연못에서 고기 장사를 하지 않는 것은 나무나 고기가 남아돌 아가기 때문이다.

이렇듯 물질이 풍부하면 욕심도 가라앉고, 욕구를 충족시키 면 다투는 일도 없게 된다. ☞ 회남자(淮南子)

마음속에 선(善)함을 지니고 행동하면 복과 즐거움이 저절 로 따라온다. 마치 그림자가 물체(物體)를 따르듯이……

☞ 〈법구경(法句經)〉

짐승을 잡고자 뒤쫓는 자는 태산이 앞에 있어도 보지 못한 다. 욕심이 밖으로 돋아나오면 총명한 슬기가 가려져 어둡게 된다. ☞ 회남자(淮南子)

새는 나무에 산다. 낮은 나무를 두려워하여 윗가지에 산다. 그럼에도 먹이에 속아서 그물에 걸리고 만다. 사람도 이와 같다. ☞ 일연(日蓮)

사람들은 재물을 탐내는 데 마음을 쏟고, 권력을 탐내는 데
힘을 기울인다.

마음이 편하면 향락에 빠지고, 기름지면 주먹을 휘두른다.

바로 이것이 큰 병이다.   ☞ 장자(莊子)

최고의 선(善)은 물과 같다. 물은 만물에 혜택을 주지만 남과
다투는 일이 없어서, 모든 사람이 싫어하는 낮은 곳에 즐겨
머문다. 그러므로 도(道)에 가깝다 할 수 있다.

사는 데는 땅이 좋고, 마음은 깊은 것이 좋다. 사는 데는
인(仁)이 좋고, 말은 신의(信義) 있는 것이 좋다. 정치는 다스
려져야 좋고, 일의 처리는 능숙한 것이 좋다.

행동은 시기에 맞는 것이 좋지만, 물처럼 겸허하여 다투지
않을 때 비로소 허물이 없을 수 있다.   ☞ 노자(老子)

청렴(淸廉)이란 목자(牧者)의 본무요, 온갖 선행(善行)의 원
천이며, 모든 덕행(德行)의 근본이다.

       ☞ 정약용(丁若鏞) 〈목민심서(牧民心書)〉

착한 것을 말하고, 착한 것을 행하며, 착한 것을 생각하라.
이와 같이 하고서 군자(君子)가 되지 못한 사람은 아직까지
없었다.   ☞ 서적(徐績) 〈소학(小學)〉

하루 착한 일을 행하면, 복(福)은 나타나지 아니하나 화는 스스로 멀어질 것이다. 하루 악한 일을 행하면, 화(禍)는 곧 나타나지 않으나 복이 스스로 멀어질 것이다.

착한 일을 행하는 사람은 봄동산의 풀과 같아서, 그 자라나는 것은 보이지 않으나 날마다 더하는 바가 있다. 악한 일을 하는 사람은 칼을 가는 숫돌과 같아서, 닳아 없어지는 것은 보이지 않으나 날이 갈수록 마모되어지는 것과 같다.

☞ 동악성제(東岳聖帝)

선(善)을 행하면서 이름을 위해 신경 쓰지 않아도 이름은 자연히 따라온다. 이름은 이익(利益)을 기약하지 않아도 자연히 돌아오고, 다툼을 기약하지 않아도 자연히 미치게 된다. 그러므로 군자(君子)는 반드시 조심하여 선(善)을 행해야 한다.

☞ 양주(楊朱) 〈열자(列子)〉

소리는 아무리 작아도 들리지 않는 것이 없고, 행동은 아무리 숨겨도 드러나지 않는 것이 없다.

옥(玉)이 산에 있으면 초목(草木)이 윤택해지고, 못에 진주(眞珠)가 나면 언덕이 마르지 않는다.

선(善)을 행하고 사악(邪惡)함을 쌓지 않는다면, 어찌 명성(名聲)이 드날리지 않겠는가.

☞ 순자(荀子)

구차하게 탐하고 시기하여 남에게 손해를 끼친다면 필경의 편안함도 없을 것이요, 선(善)을 쌓고 인(仁)을 보존해 간다면 반드시 영화로운 자손이 있게 될 것이다. ☞ 고종(高宗)

나에게 착하게 하는 이는 물론이고, 나에게 악하게 하는 이라도 착하게 대하라. 내가 악하게 아니했으면, 남도 나에게 악하게 하는 일이 없을 것이다. ☞ 장자(莊子)

착한 것을 보거든 목마를 때 물 본 듯이 하고, 악한 것을 듣거든 귀머거리같이 하라. 또한 착한 일은 모름지기 탐을 내고, 악한 일은 모름지기 즐겨하지 마라. ☞ 강태공(姜太公)

악한 일을 행한 다음 남이 아는 것을 두려워함은 아직 그 악 가운데 선(善)으로 향하는 마음이 있음이요, 선을 행하고 나서 남이 빨리 알아주기를 바라는 마음은 그 선 속에 아직도 악의 뿌리가 있는 까닭이다.

☞ 홍자성(洪自誠) 〈채근담(菜根譚)〉

몸에 해로운 악한 행위는 누구나 행하기 수월하나, 어리석은 자가 몸에 이로운 착한 행위를 행하는 것은 결코 쉽지 않다.

☞ 〈법구경(法句經)〉

악(惡)함이 쌓여서 재앙(災殃)이 된 것은 성인(聖人)도 이를 구원하기 어렵다.　　　☞ 김시습(金時習) 〈매월당집(梅月堂集)〉

악(惡)의 대가(代價)는 곧 나타나지 않는다. 새로 짠 우유가 바로 상하지 않듯이, 악의 기운은 재에 덮인 불씨처럼 속으로 그를 애태운다.　　　☞ 〈법구경(法句經)〉

덕(德)은 지키되 크지 못하고 도(道)를 믿되 두텁지 못하다면, 살되 어찌 살아 있다 하겠으며 죽되 어찌 죽었다 할 수 있겠는가.　　　☞ 자장(子張)

덕(德)은 도량을 따라 늘어가고, 도량은 식견(識見)으로 말미암아 커간다. 그러므로 그 덕을 두텁게 하려면 그 도량을 넓혀야 하고, 그 도량을 넓히려면 그 식견을 키워야 한다.　　　☞ 홍자성(洪自誠) 〈채근담(菜根譚)〉

명석한 지혜를 갖고 있으면서도 어리석음의 덕(德)을 지켜 간다면 천하의 사표(師表)가 될 것이다.
천하의 사표가 되면 영구(永久)한 덕으로 어긋남이 없어지므로, 결국은 끝없는 자연의 도(道)에 복귀할 것이다.　　　☞ 노자(老子)

청백(淸白)하면서 너그럽고, 어질면서 결단을 잘하며, 총명하면서 지나치게 살피지 않고, 강직하면서 너무 바른 것에 치우침이 없으면, 이는 꿀을 발라도 달지 않고, 바다 물건이라도 짜지 않음과 같다 할 것이다.

이것이 곧 아름다운 덕(德)이다.

☞ 홍자성(洪自誠)〈채근담(菜根譚)〉

학문을 닦으면 날로 할 일이 늘고, 도를 닦으면 날로 할 일이 줄어든다. 줄이고 줄이면 무위(無爲)의 경지에 이르게 되고, 작위(作爲)하지 않아도 하지 않는 것이 없다.

이와 마찬가지로 천하는 무위의 덕으로써만 취할 수 있을 뿐, 인위적 노력으로는 결코 취할 수 없는 것이다.

☞ 노자(老子)

덕(德)은 재주의 주인이요, 재주는 덕의 종이다.

재주는 있어도 덕이 없으면 주인 없는 집에서 종이 일을 처리함과 같으니, 어찌 도깨비가 놀아나지 않겠는가.

☞ 홍자성(洪自誠)〈채근담(菜根譚)〉

새로 머리를 감은 사람은 반드시 갓을 털고, 새로 몸을 씻은 사람은 반드시 옷을 턴다.　　　☞〈초사(楚辭)〉

복(福)은 청렴하고 검소한 것에서 나오고, 덕(德)은 자신을 낮추고 물러서는 것에서 나온다. ☞ 〈한비자(韓非子)〉

사람이면서 어질지 않으면 예(禮)를 무엇 때문에 갖추며, 사람이면서 어질지 않으면 음악을 무엇 때문에 하리오?

☞ 공자(孔子) 〈논어(論語)〉

쑥이 삼밭 가운데서 자라면 붙들어주지 않아도 스스로 곧아지고, 흰모래가 진흙 속에 있으면 물들이지 않아도 모두 절로 검게 된다. ☞ 〈사자소학(四字小學)〉

선(善)을 쌓은 집에는 반드시 남은 경사가 있게 마련이고, 불선(不善)을 쌓은 집에는 반드시 남은 재앙이 있게 마련이다. ☞ 〈역경(易經)〉

한 마리 개가 그림자를 보고 짖으면 모든 개들이 그 소리에 따라 짖는다. ☞ 〈잠부론(潛夫論)〉

숲이 깊으면 새들이 깃들이고, 물이 넓으면 물고기들이 논다. 인의(仁義)를 쌓으면 만물이 절로 귀의(歸依)한다.

☞ 〈정관정요(貞觀政要)〉

사람이 비록 지극히 어리석어도 남을 꾸짖는 데는 밝고, 비록 총명할지라도 자기를 용서하는 데는 어둡다.

☞ 〈송명신언행록(宋名臣言行錄)〉

2

인생과 운명

화살 만드는 사람이 어찌 갑옷 만드는 사람보다 인자(仁慈)
하지 못하랴.
그러나 화살 만드는 사람은 사람을 상하지 않게 될까 걱정하
며 만들고, 갑옷 만드는 사람은 사람을 상하게 될까 걱정하
며 만드느니라.

☞ 맹자(孟子)

사람이 세상에 태어나서 보람 있는 일을 하려면, 어느 정도
의 생명이 필요함은 말할 것도 없다. '인생칠십고래희(人生
七十古來稀)'라는 말도 있지만, 적어도 칠십까지 살지 않고서
는 자아(自我)를 충분히 발휘할 수 없을 것 같다.
삼십까지는 자라면서 배운다 쳐도, 나머지 사십 년간쯤은
일을 해야 일다운 일을 할 수 있을 것이다.

☞ 조병옥(趙炳玉) 〈민주주의(民主主義)와 나〉

인생에는 독특한 리듬이 있다. 우리는 이 리듬의 아름다움을
깨달아야 한다.

대교향악(大交響樂)을 들을 때처럼 그 악상(樂想)과 그 난파
조(難破調), 그 마지막 대협화음(大協和音)을 음미할 줄 알아
야 한다.

인생의 음악은 각자가 작곡해 나가지 않으면 안 된다.

사람에 따라서는 불협화음(不協和音)이 점점 퍼져서 나중에
는 멜로디의 주조(主調)를 압도하거나 말살해 버리는 수가
있다.

또 때로는 불협화음이 너무 강해서 멜로디가 중단되어, 권총
자살도 하고 강물에 뛰어들기도 한다.

이러한 인생은 별도로 치고, 정상적인 인생은 엄숙한 진행이
나 행렬처럼 끝까지 지속되는 법이다.

그러나 잡음(雜音)이나 단음(短音)이 지나치게 많은 경우에
는 템포가 잘못된 것이므로 불쾌하게 들린다.

주야(晝夜)를 가리지 않고 유유히 흘러서 바다로 들어가는
큰 강물의 저 웅장한 템포야말로 우리가 동경해 마지않는
바이다.　　　☞ 임어당(林語堂) 〈생활(生活)의 발견(發見)〉

낙망(落望)은 청년의 죽음이며, 청년이 죽으면 민족이 죽는
다.　　　☞ 안창호(安昌浩) '청년(靑年)에게 부치는 글'

겨우 한 인간의 형체(形體)로 태어난 것을 사람들은 기뻐한다. 그러나 만일 이 인간의 형체가 변화무궁(變化無窮)하여 끝이 없음을 안다면, 그 즐거움을 어찌 다 헤아릴 수 있겠는가. 그러므로 성인(聖人)은 아무것도 잃는 것 없이 언제나 있는 그대로를 즐긴다. 일찍 죽음을 싫다 하지 않고, 오래 삶을 바라지도 않으며, 시작과 끝남을 한결같이 즐겨한다. 그런데도 사람들은 오히려 이를 스승으로 본받는다.

☞ 장자(莊子)

청춘은 다시 돌아오지 않고, 하루에 새벽은 한 번뿐일세. 좋을 때 부지런히 힘쓸지니, 세월은 사람을 기다리지 않는다.

☞ 도연명(陶淵明)〈고문진보(古文眞寶)〉

남아(男兒)가 실수하면 용납할 땅이 없지만, 지사(志士)가 구차히 살려 하는 것은 다시 때를 기다림일세.

☞ 김좌진(金佐鎭) (1917년, 망명의 길을 떠나며)

생(生)의 진리에 통달한 사람은 우리 생이 미치지 못하는 것을 위해 힘쓰지 않고, 운명의 진리를 깨달은 사람은 인지(仁知)가 미치지 못하는 것을 위해 힘쓰지 아니한다.

☞ 장자(莊子)

무릇 사람들이 저마다 자기의 수명만큼 살지 못하고 중도에서 형(刑)을 받고 죽는 이유는 지나치게 삶을 누리겠다고 안달하고 무리하기 때문이다.

삶에 있어 무위자연(無爲自然)할 수 있는 자만이 오래도록 삶을 간직할 수 있다. ☞ 회남자(淮南子)

백 년이란 수명의 한계여서, 백 년을 사는 사람은 천에 하나 꼴도 안 된다. 설사 한 사람이 있다 할지라도, 어려서 안겨 있던 때와 늙어서 힘없는 때가 거의 반을 차지할 것이다. 그리고 밤에 잠잘 때와 낮에 깨어 있을 때에 헛되이 잃는 시간이 또 그 반을 차지할 것이다. 아프고 병들고 슬퍼하고 괴로워하며, 자기를 근심하며 두려워하는 시간이 또 반은 될 것이다.

수십 년 동안을 헤아려 보아도, 즐겁게 자득(自得)하면서 조그마한 걱정도 없는 때는 잠시 동안도 되지 않는다.

☞ 양주(楊朱)〈열자(列子)〉

큰 지혜가 있는 사람은 영고성쇠(榮枯盛衰)를 알고 있으므로 얻었다 해서 기뻐하지 않고, 잃는다 해서 근심하지 않는다. 그는 운명의 변화무상(變化無常)함을 알고 있기 때문이다.

☞ 장자(莊子)

힘은 산(山)을 뽑고, 기운은 천하를 덮도다.

때가 불리하니, 추(騅)가 가지 않는구나. 추(騅)가 나아가지
아니하니, 이를 어이하랴.

우(虞) 미인아, 너를 어이하랴.

☞ 항우(項羽) 〈십팔사략(十八史略)〉

두문불출(杜門不出)하고 책을 읽어 옛 사람을 숭상하고 논함
은 때를 만나지 못한 자가 하는 일이다.

☞ 이곡(李穀) 〈가형집(稼亨集)〉

누구에게나 희망이 없을 수 없겠지만, 희망은 언제나 실망과
맞붙어 있기 때문에 실망하게 되면 풀이 죽고 만다. 희망을
길러 나아가고 잃지 않게 하는 것은 굳센 힘뿐이다.

☞ 양계초(梁啓超) '굳센 힘에 대하여'

모든 일은 계획으로 시작되고, 노력으로 성취되며, 오만으로
망친다.

☞ 관자(管子)

군자(君子)는 곤궁한 처지에 빠져도 마음이 흔들리지 않지
만, 소인(小人)은 곤궁해지면 난폭한 생각을 하기 마련이다.

☞ 공자(孔子) 〈논어(論語)〉

나무가 처음 성장할 때는 번잡한 가지들이 나올 때 반드시 잘라 주어야만 뿌리와 줄기가 크게 자랄 수 있다. 처음 학문을 시작할 때에도 역시 그러하다.

그러므로 뜻을 세울 때는 한 가지 일로 통일하는 게 중요하다.   ☞ 왕양명(王陽明)

발이 하나밖에 없는 기(夔)는 발 많은 지네를 부러워하고, 지네는 발 없이도 가는 뱀을 부러워한다. 뱀은 형태 없이도 잘 가는 바람을 부러워하고, 바람은 가지도 않고 볼 수 있는 눈을 부러워한다. 눈은 보지 않고도 알 수 있는 마음을 부러워한다.   ☞ 장자(莊子)

어떤 신(神)이 무심중(無心中)에 와서 돌연 너는 무엇을 하느냐고 물을 때에, 나는 이것을 하노라고 서슴지 않고 대답할 수 있게 하라.

☞ 안창호(安昌浩) '결단력(決斷力)과 인내력(忍耐力)'

세우지 않을 수 없는 것은 뜻이지만, 뜻을 세웠다 해도 굳세게 세우지 않으면 물욕(物慾)에 흔들려 빼앗기거나, 여러 사람의 입으로 말미암아 변동될 수밖에 없다.

☞ 정여창(鄭汝昌)

뜻이 넓으나 굳세지 않으면 기준이 없고, 굳세나 넓지 않으면 좁아서 고루해진다.   ☞ 주자(朱子)〈근사록(近思錄)〉

난간(欄干)가 가시덤불 젖히고 어린 소나무 심으니, 자라서 천 년 뒤 용트림된 줄기 눈에 선하네.
짧은 뿌리 더디 자란다 업신여기지 마라. 명당(明堂)의 재목 되는 날이면 많은 공로(功勞) 새겨지리.

  ☞ 서경덕(徐敬德)〈화담집(花潭集)〉

사물(事物)은 성(晟)하면 반드시 쇠(衰)하고, 흥(興)함이 있으면 바뀌어 기울어지기 마련이다. 빨리 이루면 견고하지 못하고, 급히 달리면 넘어지기 쉽다.
울긋불긋한 화원의 꽃은 일찍 피지만 먼저 시들고, 더디게 자라는 도랑가의 소나무는 늦도록 푸른빛을 띠고 있다.

  ☞ 범질(范質)〈소학(小學)〉

착안(着眼)하는 바와 목표하는 바는 멀고도 커야 한다. 그러나 그것을 실행하려면 힘을 헤아려 점진적으로 나아가야 한다. 뜻이 커서 심로(心勞)하고, 역량은 작은데 책임이 무거우면, 마침내 일을 그르칠까 두려울 뿐이다.

  ☞ 주자(朱子)〈근사록(近思錄)〉

한 가지 일을 반드시 이루고자 생각하면, 다른 일 깨뜨리는 것을 마음 아파하지 말고, 남의 조소도 부끄러워하지 마라. 모든 것을 바꾸지 않고서는 한 가지 큰일도 이루어지지 않는다.

☞ 요시다 켄코오 〈도연초(徒然草)〉

역경(逆境)에 처하면 그 몸의 주위가 모두 약(藥)이 되기 때문에 자신도 모르는 사이에 절조(節操)와 행실을 닦게 되고, 순경(順境)에 있을 때는 눈앞이 모두 칼과 창 같아서, 자신의 기름을 녹이고 뼈를 깎아도 알지 못한다.

☞ 홍자성(洪自誠) 〈채근담(菜根譚)〉

자기(自己)를 아는 자는 남을 원망하지 않고, 천명(天命)을 아는 자는 하늘을 원망하지 않는다. 복(福)도 자기에게서 싹 트고, 화(禍)도 자기로부터 나오는 것이다.

☞ 회남자(淮南子)

불길이 무섭게 타올라도 끄는 방법이 있고, 물결이 하늘을 뒤덮어도 막는 방법이 있으니, 화(禍)는 위험한 때 있는 것이 아니고 편안한 때 있으며, 복(福)은 경사 때 있는 것이 아니고 근심할 때 있는 것이다.

☞ 김시습(金時習) 〈매월당집(梅月堂集)〉

작은 일이라 하여 허술히 하지 않고, 남이 보지 않는 곳이라 하여 속이고 숨기지 않으며, 실패한 경우에도 자포자기하지 않는 자야말로 진정한 대장부이다.

☞ 홍자성(洪自誠)〈채근담(菜根譚)〉

꽃은 지었다 피고 피었다 또 지는 것, 비단 옷 베옷도 바뀌어 입혀지는 법. 부유한 집도 항상 부귀한 것은 아니요, 빈한한 집도 길이 적막하지 않으리. 사람을 아무리 추켜올려도 반드시 푸른 저 하늘까지 올리진 못하고, 사람을 아무리 밀어뜨려도 반드시 저 구렁에까지 처박지는 못하리라.
그대에게 권고하노니, 모든 일에 하늘을 원망하지 마라. 하늘의 뜻은 본디 사람에게 후박(厚薄)의 차별을 두지 않나니.

☞〈명심보감(明心寶鑑)〉

하늘에는 예측할 수 없는 바람과 비가 있고, 사람에게는 아침저녁으로 변하는 화와 복이 있다.

☞ 소식(蘇軾)〈명심보감(明心寶鑑)〉

까닭 없이 천금(千金)을 얻으면 큰 복(福)이 있는 것이 아니라, 반드시 큰 화(禍)가 있으리라.

☞ 소식(蘇軾)〈명심보감(明心寶鑑)〉

늙어서 나타나는 모든 병은 젊었을 때 불러 온 것이며, 쇠한 뒤의 재앙도 모두 성시(盛時)에 지은 것이다. 그러므로 군자(君子)는 가장 성(晟)할 때에 더욱 조심한다.

☞ 홍자성(洪自誠) 〈채근담(菜根譚)〉

크지만 큰 구실을 못하면 작아지고, 강하되 힘을 발휘하지 못하면 약해지며, 많으면서 많은 구실을 못하면 적어진다. 존귀한 신분에 예(禮)를 차리지 못하면 천해지고, 점잖은 자리에 있으면서 절도(節度)를 어기면 결국 경박해지며, 부자이면서도 오만과 낭비를 일삼으면 가난해지기 마련이다.

☞ 관자(管子)

비밀스런 계책, 괴상한 습속(習俗), 이상한 행동, 기괴한 재주……. 이 모든 것은 세상을 살아감에 있어 재앙의 씨가 된다. 다만 하나의 평범한 덕행(德行)만이 혼돈을 완전히 하여 화평을 부르리라. ☞ 홍자성(洪自誠) 〈채근담(菜根譚)〉

사람에게 세 가지 불행이 있으니, 어린 시절에 높은 벼슬에 오름이 첫째 불행이요, 부형(父兄)의 세력을 업고 고관(高官)이 됨이 둘째 불행이며, 뛰어난 재주가 있고 문장(文章)에 능함이 셋째 불행이다. ☞ 정신(程頤) 〈소학(小學)〉

색욕(色慾)이 불길처럼 타오를지라도, 병든 때를 생각하면 흥은 문득 차가운 재 같으리라. 명리(名利)는 엿같이 달지라도, 생각이 사지(死地)에 이르면 맛은 문득 납을 씹는 것과 같으리라.

그러므로 사람이 죽음을 근심하고 병을 생각한다면, 환업(幻業)을 끄고 진심을 오래 기르리라.

☞ 홍자성(洪自誠)〈채근담(菜根譚)〉

온갖 불행이 이르는 것은 오직 천명(天命)일 뿐, 사람의 힘으로 막을 수 없다. 그러므로 천명을 알면 불행이 마음을 어지럽히지 못하나, 근심이 마음에 침입하도록 버려두어서는 안 된다.

☞ 장자(莊子)

나무는 가을이 되어 잎이 떨어진 뒤라야 꽃피던 가지와 무성하던 잎이 다 헛된 영화였음을 알고, 사람은 죽어서 관 뚜껑을 닫기에 이르러서야 자손과 재화가 쓸데없음을 안다.

☞ 홍자성(洪自誠)〈채근담(菜根譚)〉

잘못을 저지르고서도 후회할 줄 모르는 자는 하등(下等)의 사람이요, 후회하면서도 고칠 줄 모르는 자도 하등의 사람이다.

☞〈소학(小學)〉

문득 일어난 생각이 사욕(私慾)의 길로 감을 깨닫거든 곧
도리(道理)의 길로 좇아오도록 이끌어라. 일어나매 이어 깨
닫고, 깨달으매 이어 돌려라. 그리하여 곧 재앙을 돌려서
복을 삼으면, 죽음에서 일어나 삶으로 돌아가는 관두(關頭)
가 되리라. 진실로 안이하게 방심하지 마라.

☞ 홍자성(洪自誠) 〈채근담(菜根譚)〉

곧은 선비는 행복을 구하는 마음이 없기 때문에 하늘은 그
마음 없는 곳을 향해 행복의 문을 열어주고, 음흉한 사람은
재앙을 피하려고만 애쓰기 때문에 하늘은 그 애쓰는 마음에
재앙을 내려 그 넋을 빼앗는다.

☞ 홍자성(洪自誠) 〈채근담(菜根譚)〉

세상은 죽은 사람을 돌아간 사람이라고 말한다. 죽은 사람을
돌아간 사람이라고 하는 말은, 곧 살아 있는 사람은 길가는
사람이란 뜻이다.
길가는 사람이 돌아갈 줄 모른다면, 이는 집을 잃고 방황하
는 사람이다. 그런데 한 사람만이 집을 잃고 방황한다면 온
세상이 그를 그르다고 비난하겠지만, 온 세상 사람들이 집을
잃고 방황하고 있으니 아무도 그른 줄을 모르고 있다.

☞ 안자(晏子) 〈열자(列子)〉

복(福)이 화(禍)가 되고, 화가 복이 되는 조화 변천의 깊은 도리는 끝까지 규명할 수 없으며, 그 깊은 이치는 측량할 수 없다.

☞ 회남자(淮南子)

손에 상처가 없는 사람은 독(毒)을 만져도 해독(害毒)이 없다. 상처가 없거늘 독인들 해하랴. 악(惡)함이 없거늘 재앙이 있으랴.

☞ 〈법구경(法句經)〉

행복이란 마음대로 구하지 못하나니, 스스로 즐거운 정신을 길러 복을 부르는 바탕을 삼을 따름이다.
재앙이란 마음대로 피하지 못하나니, 남을 해하는 마음을 없이 함으로써 재앙을 멀리하는 방도로 삼을 따름이다.

☞ 홍자성(洪自誠) 〈채근담(菜根譚)〉

관직에 있으면서 사정(私情)을 행하면 관직을 잃을 때에 후회하고, 부유할 적에 절약해 쓰지 않으면 시기가 지난 때에 후회한다.
사물(事物)을 보고 배워두지 않으면 필요하게 된 때에 후회하게 되며, 취한 뒤에 함부로 지껄이면 깨어난 때에 후회하고, 몸이 성할 적에 휴양하지 않으면 병든 때에 후회한다.

☞ 구준(寇隼) 〈명심보감(明心寶鑑)〉

오늘의 일이 의심쩍거든 옛 역사에 비추어 보라. 미래의 일을 알지 못하겠거든 과거에 비추어 보라.

만사의 발생과 현상은 그 형태나 과정에서는 다르지만, 결국 그 귀결(歸結)되는 점이 같음은 고금(古今)을 통해 일정불변(一定不變)이다. ☞ 관자(管子)

뜻을 잃고 살아온 지 여러 해에 머리 모두 희어졌으나, 성글고 느슨한 성격은 타고난 대로 놀기에 알맞네.

다만 마시고 먹고 할 줄이나 알았지 아무 데도 쓸 곳 없으니, 나야말로 인간 세상에 붙은 한 개 혹일 뿐일세.

☞ 서경덕(徐敬德)〈화담집(花潭集)〉

만물(萬物)이 서로 다른 것은 삶이요, 서로 같은 것은 죽음이다. 살아서는 현명하고 어리석은 것과, 귀하고 천한 것이 있으니 이것이 서로 다른 점이요, 죽어서는 썩어서 냄새나며 소멸되어 버리니 이것이 서로 같은 점이다.

☞ 양주(楊朱)〈열자(列子)〉

옛날에는 오로지 사는 가운데 오로지 죽더니, 지금은 오로지 죽는 가운데 오로지 사는구나.

☞ 지눌(知訥)〈진각국사어록(眞覺國師語錄)〉

십 년 만에 죽어도 역시 죽음이요, 백 년 만에 죽어도 역시 죽음이다. 어진 이와 성인(聖人)도 역시 죽고, 흉악한 자와 어리석은 자도 역시 죽는다. 썩은 뼈는 한 가지인데, 누가 그 다른 점을 알겠는가.

그러니 현재의 삶을 즐겨야지, 어찌 죽은 뒤를 걱정할 겨를이 있겠는가. ☞ 양주(楊朱)〈열자(列子)〉

미친 사람이 동으로 뛰면 그를 좇는 사람도 동으로 뛴다. 그러나 동으로 뛰는 것은 같으나, 뛰는 동기는 서로 다르다. 물에 사람이 빠지면 이를 구하려는 사람도 물에 뛰어든다. 물 속에 사람이 빠지면 이를 구하려는 사람도 물에 뛰어든다. 물 속에 들어간 것은 같지만, 서로 그 동기가 다르다. 이와 마찬가지로 성인(聖人)도 살고 죽으며, 어리석은 자도 살고 죽는다.

그러나 성인의 생사(生死)는 도리에 통달하고 있지만, 어리석은 자는 삶과 죽음의 가치를 몰라서 혼동하고 있는 것이다. ☞ 회남자(淮南子)

사람들이 하는 일은 항상 거의 다 이루어질 듯하다가 실패하곤 한다. 마무리를 신중하게 하는 것을 늘 처음과 같이 한다면 실패하는 일이 없을 것이다. ☞ 노자(老子)

인간은 생(生)을 얻으면서부터 죽기를 시작한다고 할 수 있
다. 즉 시간의 흐름을 알리는 시계의 일 초 일 초의 뚝딱거리
는 기계 소리는 인간이 호흡하는 숨소리와 함께, 죽음의 경
지(境地)로 가까워 간다는 것을 알리는 경종(警鐘)과도 같다.

☞ 조병옥(趙炳玉)〈민주주의(民主主義)와 나〉

스스로 자신을 해치는 사람과는 함께 말할 것이 못 되고,
스스로 자신을 버리는 사람과는 함께 일할 수 없다.
말로써 예의를 비난하는 것을 스스로 자신을 해친다 하고,
스스로를 인(仁)에 처하고 의(義)에 따를 수 없다고 하는 이
를 스스로 자신을 버린다고 하느니라.   ☞ 맹자(孟子)

괴로움과 즐거움을 함께 맛보면서 연마하여, 연마 끝에 복
(福)을 이룬 사람은 그 복이 비로소 오래가게 된다.

☞ 홍자성(洪自誠)〈채근담(菜根譚)〉

지난 일을 잊지 않는 것은 앞으로 올 일의 스승이 된다.

☞〈전국책(戰國策)〉

한때의 성냄을 참으면, 백일(百日)의 근심을 면할 수 있다.

☞〈명심보감(明心寶鑑)〉

인생이란 덧없는 것이 아닌가. 밤낮 노심초사하다가 생명이 가면 무엇이 남는가? 명예인가 부귀인가, 모두가 아쉬운 것이 아닌가.

결국 모든 것이 공(空)이 되고 무색(無色)하고 무형(無形)한 것이 되어 버리지 않는가.

인생이란 것이 무엇인지, 그것부터 알고 일하자.

☞ 한용운(韓龍雲)

어진 사람은 흥하고 쇠하는 것으로 인해 변절하지 않고, 의로운 사람은 존망(存亡)으로 인해 변심하지 않는다.

☞ 〈소학(小學)〉

화(禍) 속에는 복(福)이 의지해 있는 것이요, 복 속에는 화가 숨어 있는 것이다. 누가 그 (화와 복의) 끝을 알겠는가? 그 끝은 일정함이 없다.

☞ 노자(老子)

항상 지난 잘못을 생각하고, 또 언제나 앞날의 허물을 염두에 두라.

☞ 〈명심보감(明心寶鑑)〉

좋은 약은 입에 쓰지만 병에 이롭고, 충성된 말은 귀에 거슬리지만 행하는데 이롭다.

☞ 〈공자가어(孔子家語)〉

남의 허물은 잘 찾아내지만 자기의 허물은 드러내지 않는다.
남의 잘못은 가벼운 먼지처럼 날리나 자기의 잘못은 없는
듯이 말한다.　　　　　　　　　　☞〈법구경(法句經)〉

3

인생과 사랑

남자는 수치에 목숨을 버리며, 여자는 남자를 위해 목숨을
버린다.
☞ 일연(日蓮)

대저 종(鐘)이란 치면 소리가 난다. 쳐도 소리가 나지 않는
것은 세상에서 버린 종이다.
또 거울이란 비추면 그림자가 나타난다. 비추어도 그림자가
나타나지 않는 것은 세상에서 버린 거울이다.
대저 사람이란 사랑하면 따라온다. 사랑해도 따라오지 않는
사람은, 또한 세상에서 버린 사람이다.
☞ 정황 〈유헌집(集遊軒)〉

못난 사나이는 아내를 두려워하고, 현숙한 여인은 남편을
공경한다. ☞ 강태공(姜太公) 〈명심보감(明心寶鑑)〉

여자에게는 칭찬받을 네 가지 덕(德)이 있다.

첫째는 부녀(婦女)로서의 덕성(德性)이요, 둘째는 부녀로서
의 용의(容儀)요, 셋째는 부녀로서의 말씨요, 넷째는 부녀로
서의 솜씨가 그렇다.

부녀로서의 덕성이란 반드시 재지(才智)가 뛰어남을 뜻하는
것이 아니요, 부녀로서의 용의란 반드시 얼굴의 아름다움을
뜻하는 것이 아니요, 부녀로서의 말씨란 반드시 구변의 능란
함을 뜻하는 것이 아니요, 부녀로서의 솜씨란 반드시 교묘한
재주가 남다름을 뜻하는 것이 아니다.

부녀로서의 덕성이란, 맑고 절개 곧으며 염치 있고 절제 있
어 분수를 지켜 마음을 정연히 가다듬고, 행지(行止)에 수줍
음이 있으며, 동정(動靜)에 법도가 있는 것을 말한다.

부녀로서의 용의란, 항상 먼지며 때를 빨아 옷차림을 깨끗이
하며, 목욕을 제때 하여 일신(一身)에 불결함이 없도록 하는
것을 말한다.

부녀로서의 말씨란, 말을 가려서 하되 그른 말을 하지 않으
며, 꼭 해야 할 때에 말을 하여 사람들이 그 말을 싫어하지
않도록 하는 것을 말한다.

부녀로서의 솜씨란, 길쌈을 부지런히 하며 꼭 술 빚는 것만
을 능사로 하지 말고 좋은 맛을 갖추어서 손님을 대접하는
것을 말한다.　　　　　　　　　　☞ 〈익지서(益智書)〉

어진 아내는 그 남편을 귀하게 만들고, 악한 아내는 그 남편을 천하게 만든다. ☞ 〈명심보감(明心寶鑑)〉

결혼은 자손만대(子孫萬代)의 시작이다. ☞ 〈예기(禮記)〉

아내를 맞아들이는 일에는 집안의 성쇠(盛衰)가 달려 있다.
구차스럽게 한 때의 부귀를 탐내어 장가들면, 그 부귀를 끼고 있는 아내는 남편을 경멸하고 시부모를 소홀히 하기 마련이다.
그리하여 교만과 질투의 성품이 길러지면, 뒷날 이보다 더 큰 근심거리가 어디 있겠는가. ☞ 사마광(司馬光)

부모에게 잘못이 있거든, 기운을 낮추고 웃는 낯으로 말을 부드럽게 하며 간(諫)하라. 만일 간하는 말을 받아들이지 않으시거든, 공경하는 마음으로 효도를 표하여 기뻐하시거든 다시 간하라. ☞ 내칙(內則) 〈소학(小學)〉

부모가 사랑하시면 기뻐하며 그것을 잊지 말고, 부모가 미워하시더라도 송구스럽게 생각하며 원망하지 마라. 부모에게 잘못이 있거든 부드럽게 간하고, 거역하지 말아야 한다. ☞ 증자(曾子)

부모의 나이는 반드시 기억하고 있어야 한다. 한편으로는 오래 사신 것을 기뻐하고, 또 한편으로는 연세 많은 것을 걱정해야 한다.　　　　　　　☞ 공자(孔子) 〈논어(論語)〉

제 부모를 사랑하는 자는 감히 남을 미워하지 못하고, 제 부모를 공경하는 자는 감히 남을 업신여기지 못한다.
사랑하고 공경하는 마음을 제 부모에게 다하고 보면, 덕스러운 가르침이 백성들에게까지 미쳐서 천하가 본받게 될 것이다. 이것은 대개 천자로서의 효도이다.　☞ 공자(孔子) 〈효경(孝經)〉

요즘은 부모에게 물질로써 봉양하는 것을 효도라 한다. 그러나 개나 말도 입에 두고 먹이지 않는가.
여기에 공경하는 마음이 따르지 않는다면, 무엇으로써 구별하겠는가.　　　　　　☞ 공자(孔子) 〈〈논어(論語)〉

부모를 사랑하는 사람은 남으로부터 미움을 받지 아니하고, 부모를 공경하는 사람은 남으로부터 업신여김을 받지 아니한다.　　　　　　　　　　☞ 〈소학(小學)〉

친척 중 가난한 이를 소홀히 하지 말고, 타인 중 부귀(富貴)한 이를 두둔하지 마라.　☞ 신종(神宗) 〈명심보감(明心寶鑑)〉

미움은 미움으로 대하면 끝내 풀리지 않는다. 미움은 미움이 없을 때만 풀리나니, 이것이 여래(如來)의 진리이다.

☞ 〈법구경(法句經)〉

선인(先人)의 지위에 오르고, 선인의 예(禮)를 그대로 행하며, 선인의 음악을 그대로 연주하고, 선인이 존경하던 분을 그대로 존경하며, 선인이 가까이하던 이를 아끼고, 돌아갔을 때 섬기기를 살아계실 때처럼 하며, 망인(亡人) 섬기기를 살아계신 것처럼 하는 것이 효도의 극치이다.

☞ 공자(孔子) 〈중용(中庸)〉

자식 된 도리로서 외출할 때는 반드시 고해야 하며, 돌아와서도 반드시 뵙고, 노는 곳이 있으면 반드시 떳떳함이 있어야 한다.
익히는 것이 있으면 반드시 끝을 마쳐야 하고, 부모가 살아계실 때는 언제나 자기 스스로를 늙었다 하지 않아야 한다.

☞ 증자(曾子) 〈소학(小學)〉

집안이 화목하면 가난해도 좋거니와, 의롭지 않으면 부(富)한들 무엇 하랴. 오로지 한 자식의 효도만 있다면, 자손이 많아서 무엇 하랴.

☞ 〈명심보감(明心寶鑑)〉

세속(世俗)에서 말하는 불효(不孝)에는 다섯 가지가 있다.
사지(四肢)를 게을리 하여 부모의 공양을 돌보지 않음이 첫
째 불효요, 노름과 술 마시기를 좋아하여 부모를 돌보지 않
음이 둘째 불효다. 또한 재물을 좋아하고, 처자(妻子)만을
사랑하여 부모를 돌보지 않음이 셋째 불효요, 귀와 눈의 욕
구(慾求)를 채우느라 부모를 욕되게 함이 넷째 불효다. 아울
러, 용맹을 좋아하여 싸우고 화내어 부모를 불안케 함이 다
섯째 불효니라.　　　　　　　　　　　☞ 맹자(孟子)

세월은 물과 같이 흘러, 부모를 섬기는 시간도 결코 길지
아니하다. 그런 때문에 사람의 자식 된 자는 모름지기 정성
을 다하고 힘을 다하면서도, 자기가 할 일을 다 하지 못할까
두려워해야 한다.　　　☞ 이이(李珥) 〈격몽요결(擊蒙要訣)〉

자비로운 어버이가 자식을 사랑함은 보답을 받고자 함이
아니다. 사랑하지 않고는 마음이 풀리지 않기 때문이다.
성인(聖人)이 백성을 보양(保養)하는 것도 이들을 이용(利用)
하고자 함이 아니다. 성인의 덕성(德性)으로 스스로 행하는
것이다.
이들은 마치 불이 스스로 뜨겁고, 얼음이 스스로 찬 것처럼
본질적(本質的)인 것이다.　　　　　　☞ 회남자(淮南子)

길은 가까운 데 있거늘, 사람들은 먼 데서 찾는도다. 일은 쉬운 데서 해결할 수 있거늘, 사람들은 어려운 데서 그 방법을 찾는도다. 사람마다 부모를 부모로 섬기고, 어른을 어른으로 섬기면 온 천하가 화평해지거늘……. ☞ 맹자(孟子)

어떤 사람은 수레를 끌고 장사를 하여 부모를 섬길 시간이 없기도 하고, 어떤 사람은 부모의 갑작스런 사망으로 부모에 대한 보은(報恩)의 기회를 잃기도 한다.
그러나 중요한 문제가 여기에 나타난다. 그것은 부모에 대한 보은의 감정이 부모가 세상을 떠난 이후에야 고개를 든다는 사실이다. ☞ 강유위(康有爲) 〈대동서(大同書)〉

형제(兄弟)는 수족(手足)과 같고, 부부(夫婦)는 의복(衣服)과 같다. 의복이 떨어졌을 때는 다시 새 것을 얻을 수 있거니와, 수족이 끊어진 곳엔 잇기가 어렵다.
☞ 장자(莊子) 〈명심보감(明心寶鑑)〉

사치로써 여자를 떠받치는 것은 그 여자를 사랑하기 때문이지만, 그렇게 사랑하는 것이 마침내는 그 여자를 해롭게 하는 원인이 됨을 잊지 말아야 한다.
☞ 이언적(李彦迪) 〈회재집(晦齋集)〉

천금(千金)의 보석은 이익(利益)으로 인연이 맺어졌고, 어린 자식은 자연(自然)의 힘으로 맺어졌다.

이익으로 맺어진 것은 위급하면 버리지만, 자연의 힘으로 맺어진 것은 위급하면 거두어들인다.

이로써 본다면, 거두어들이는 일과 버리는 일의 거리가 얼마나 먼 것인가. ☞ 장자(莊子)

인(仁)이란 마음속에서부터 혼연히 남을 사랑하게 됨을 뜻한다.

이와 같이 남을 좋아하면 복(福)을 받게 되고, 남을 미워하면 화(禍)를 당하게 된다.

그것은 마음에서 저절로 우러나오는 데서 생기는 것이며, 그 보답을 바라서 생기는 것이 아니다. 그러므로 '최고(最高)인 인(仁)을 행하는 데 이유가 있는 것은 아니다'라고 한 것이다. ☞ 한비자(韓非子)

마음보다 더 잔인한 무기는 없다. ☞ 장자(莊子)

사람들이 재물과 색(色, 욕정)을 버리지 못함은, 칼날 끝에 발린 꿀처럼 한 번 핥는 것만으로는 모자라 어린아이가 혀를 베는 줄도 모르고 덤벼드는 것과 같다. ☞ 〈장경(藏經)〉

배부른 다음에 음식을 생각하면 맛의 유무를 구별하기 힘들고, 색(色)을 쓴 다음에 음사(淫事)를 생각하면 이성(理性)에 대한 감각이 사라진다. 그러므로 사람이 항상 사후(事後)의 뉘우침으로 앞으로 다가올 일의 어리석음을 깨뜨린다면 그 본성이 자리 잡힐 것이요, 행동에 올바르지 않음이 없을 것이다. ☞ 홍자성(洪自誠)〈채근담(菜根譚)〉

금실 좋은 부부는 서로 즐기며 음(淫, 음란)하지 아니한다.
☞ 공자(孔子)

호랑이는 그리되 뼈는 그리기 어렵고, 사람은 알되 마음은 알지 못한다. ☞ 〈명심보감(明心寶鑑)〉

식욕과 색욕은 인간의 본성이다. ☞ 〈고자(告子)〉

하늘이 인간에게 명하는 것을 성(性)이라 하고 그 성을 따르는 것을 도(道)라 하고 그 도를 닦는 것을 교(敎)라고 한다.
☞ 〈자사(子思)〉

일반 대중의 심리 작용은, 사랑은 미움의 시발이 되고 은덕(恩德)은 원망의 근원이 된다. ☞ 관자(管子)

형제들이 집안에서는 서로 다투는 일이 있지만, 외부에서
적이 침략해 오면 일치단결해서 그것을 물리친다.

☞ 〈시경(詩經)〉

아이를 사랑하거든 매를 많이 주고, 미워하는 아이에게는
먹을 것을 많이 준다.　　　☞ 〈명심보감(明心寶鑑)〉

어린 자식의 오줌과 똥 같은 더러운 것도 그대 마음에 거리
낌이 없고, 늙은 어버이의 눈물과 침이 떨어지면 도리어 미
워하고 싫어하는 뜻이 있다. 여섯 자나 되는 몸이 어디서
왔던가. 아버지의 정기와 어머니의 피로 그대의 몸이 이루어
졌네. 그대에게 권하노니 늙어가는 어버이를 공경하여 모시
라. 젊었을 때 그대를 위하여 힘줄과 뼈가 닳도록 애쓰셨느
니라.　　　☞ 〈명심보감(明心寶鑑)〉

부모를 공경하는 효행은 쉬우나, 부모를 사랑하는 효행은
어렵다.　　　☞ 장자(莊子)

애욕(愛慾)은 횃불을 잡고 바람을 거슬러 가는 것과 같아,
반드시 잡고 가는 사람의 손을 데게 할 우려가 있다.

☞ 〈장경(藏經)〉

아버지 나를 낳으시고 어머니 나를 기르시니, 슬프다. 부모님이여, 나를 낳아 기르시느라 애쓰고 수고하셨도다. 그 은혜 갚고자 한다면 그 은혜가 넓은 하늘과 같이 끝이 없다.

☞ 〈시경(詩經)〉

이 세상에는 삼천 가지나 되는 많은 죄가 있다. 효도하지 않는 것은, 그 가운데서 가장 중대한 죄가 된다.

☞ 김시습(金時習)

욕정에 관한 일은 쉽게 얻을 수 있다 해도, 그 편리함을 조금이라도 즐겨 맛보지 말지니라. 한 번 맛보면 곧 만길 벼랑으로 떨어지니라. 도리에 관한 일은 비록 어렵다 해도 조금이라도 물러서지 말지니라. 한 번 물러서면 곧 천산(千山)처럼 아주 멀어지느니라. ☞ 홍자성(洪自誠)〈채근담(菜根譚)〉

부부된 자는 의(義)로써 화친하고, 은(恩)으로써 화합한다. 남편이 아내를 때리면 무슨 의(義)가 있겠으며, 또 꾸짖으면 무슨 은(恩)이 있겠는가. ☞ 〈후한서(後漢書)〉

자식을 길러본 후에야 부모의 마음을 알게 된다.

☞ 왕양명(王陽明)

아버지가 사랑하고 아들이 효도하며 형이 우애하고 아우가 공경하여 비록 극진한 경지에까지 이르렀다 할지라도 그것은 모두 마땅히 그렇게 해야 하는 것일 뿐인지라, 털끝만큼도 감격스런 생각으로 볼 것이 못 되느니라.

만약 베푸는 쪽에서 덕으로 자임하고, 받는 쪽에서 은혜로 생각한다면 이는 곧 길에서 오다가다 만난 사람이니 문득 장사꾼의 관계가 되고 만다.

☞ 홍자성(洪自誠) 〈채근담(菜根譚)〉

인간의 성품과 마음공부

마음을 잘 가꾸는 사람은 육체에 대해 생각하지 않고, 몸을
잘 가꾸는 사람은 물질의 득실을 돌보지 않으며, 도(道)를
체득한 사람은 마음까지 잃는다.　　　　　　☞ 장자(莊子)

몸을 잘 닦지 않는다면 어찌 인간으로서 기대할 수 있겠으
며, 개인을 잘 수양하지 않는다면 어찌 한 집안으로서 기대
할 수 있겠는가. 집안을 잘 다스리지 않는다면 어찌 고을로
서 기대할 수 있으며, 고을을 잘 다스리지 않는다면 어찌
국가로서 기대할 수 있겠는가.　　　　　　☞ 관자(管子)

아주 작은 것에서 아주 큰 것을 보면 그 전체의 크기를 볼
수 없고, 아주 큰 것에서 아주 작은 것을 보면 분명하게 볼
수 없는 법이다.　　　　　　☞ 장자(莊子)

하늘이 나에게 복(福)을 박하게 준다면, 나는 나의 덕(德)을 두터이 함으로써 이를 맞을 것이다. 하늘이 나의 몸을 수고롭게 한다면, 나는 내 마음을 편안하게 함으로써 이를 도울 것이다. 하늘이 나에게 곤궁한 길을 준다면, 나는 나의 도(道)를 형통케 함으로써 그 길을 열 것이다.

이와 같으면 하늘인들 또 나를 어찌하랴.

☞ 홍자성(洪自誠)〈채근담(菜根譚)〉

천하(天下)를 가볍게 본다면 정신도 얽매이지 않을 것이며, 만물(萬物)을 사소하게 여긴다면 마음도 헷갈리지 않을 것이다.

삶과 죽음을 같게 생각하면 두려운 생각도 없게 될 것이며, 변화하나 하지 않나 같게 여긴다면 총명한 판단력이 흐려지지 않을 것이다.

☞ 회남자(淮南子)

의(義)로써 불의(不義)를 치는 자는 명분이 뚜렷하므로 남보다 먼저 군사를 일으킬 일이다. 그러나 사사로운 감정으로 다른 나라와 원한을 맺을 경우에는 의병(義兵)이 나설 일이 아니므로 스스로 군대를 일으키지 말아야 하며, 상대편에서 쳐들어오거든 부득이 이를 맞아 싸워야 한다.

☞ 위조자(尉繰子)

수명(壽命)을 연장하는 방법은 말을 삼가고, 음식을 절제하며, 탐욕을 줄이고, 수면(睡眠)을 가벼이 하며, 기뻐하고 성냄을 절도에 맞게 하는 것이다.

대체로 언어(言語)에 법도가 없으면 잘못과 근심이 생기고, 음식에 때를 잃으면 고달프고 수고로우며, 탐욕을 많이 내면 위태롭고 어지러움이 일어나며, 수면을 많이 취하면 몸이 게을러지고, 기쁨과 성냄이 절도에 맞지 않으면 능히 그 성품을 보전하지 못한다.

이 다섯 가지가 절도를 잃으면 진기가 소모되어 날로 죽음에 이를 것이다.
　　　　　　　　　　　　　　　　　☞ 노수신(盧守愼)

바쁠 때 자기 성품을 어지럽히지 않으려면, 모름지기 한가할 때에 심신(心身)을 맑게 길러야 한다.

또한 죽을 때 마음이 흔들리지 않으려면, 모름지기 살아 있을 때에 사물(事物)의 진상을 간파해야 한다.
　　　　　　　　　　☞ 홍자성(洪自誠)〈채근담(菜根譚)〉

동(銅)으로 거울을 만들면 의관(衣冠)을 바로잡을 수 있고, 옛날을 거울로 삼으면 흥망성쇠(興亡盛衰)를 알 수 있다. 또한 사람을 거울로 삼으면 득실(得失)을 알 수 있다.
　　　　　　　　　☞ 당태종(唐太宗)〈십팔사략(十八史略)〉

명분(名分)이 바로서지 않으면 명령(命令)이 이치에 맞지 않고, 명령이 이치에 맞지 않으면 일이 이루어지지 않으며, 일이 이루어지지 않으면 형벌(刑罰)이 공정치 못하고, 형벌이 공정치 못하면 백성들이 손발 둘 곳이 없다.

☞ 공자(孔子) 〈논어(論語)〉

만물은 기(氣)가 있으면 살고, 기가 없으면 죽는다. 그러므로 살았다고 하는 것은 바로 기가 있다는 것이다.

정치에 있어서도 명분이 있으면 잘 다스려지고, 명분을 잃으면 흐트러진다. 그러므로 잘 다스려진다는 뜻은 명분이 있음을 말하는 것이다.

☞ 관자(管子)

대장부는 선(善)을 분명하게 알기 때문에 명분과 절의(節義)를 태산보다 무겁게 여기고, 마음 씀이 엄밀하기 때문에 생사(生死)를 홍모(鴻毛)보다 가볍게 여긴다.

☞ 〈경행록(景行錄)〉, 〈명심보감(明心寶鑑)〉

의(義)가 아닌 재물은 집을 채우는 데 그칠 것이요, 의(義)가 아닌 음식은 오장을 채우는 데 그칠 뿐이다.

그러니 이런 것은 더욱 범(犯)할 수가 없는 것이다.

☞ 안응세(安應世)

임금이 임금답지 않으면 신하도 신하 노릇을 다하지 않고, 아버지가 아버지답지 않으면 자식도 자식의 도리를 다하지 않는다.

윗사람이 그 자리를 지키지 못하여 체통을 잃으면, 아랫사람들이 분수나 절도(節度)를 넘나게 된다.

이렇듯, 상하(上下)가 화목하지 못하면 임금의 영(令)이 시행되지 않는다. ☞ 관자(管子)

서책(書冊)을 읽고 성현(聖賢)을 보지 못하면 한갓 지필(紙筆)의 용(傭)이 될 것이요, 벼슬자리에 앉아 백성을 사랑하지 않으면 다만 의관의 도둑이 될 것이다.

학문을 가르치되 실천궁행(實踐躬行)을 숭상하지 않으면 이는 구두(口頭)의 선(禪)이 될 것이요, 큰 사업(事業)을 세워도 은덕(恩德)을 베풀 것을 생각하지 않으면 이는 눈앞에 편한 때의 꽃이 되고 말 것이다.

☞ 홍자성(洪自誠) 〈채근담(菜根譚)〉

한쪽으로 치우치지 않는 것을 중(中)이라 하고, 바뀌지 않는 것을 용(庸)이라 한다.

중(中)이란 천하의 정도(正道)이고, 용(庸)이란 천하의 정해진 이치이니라. ☞ 정자(程子) 〈중용(中庸)〉

천리(天理)에 따르는 자는 공업(功業)을 이룩하고, 천리를 거역하는 자는 흉벌(凶罰)을 받는다.　　☞ 관자(管子)

그대는 사마귀를 알지 못하는가? 그 작은 몸으로 수레바퀴를 막으려다 눌려 죽은 것은, 그 불가능함을 알지 못하고 자신의 힘만 믿기 때문이다.
삼가고 또 삼가라. 힘만 믿고 남을 해치는 자는 사마귀가 수레바퀴를 막음과 다름없다는 것이다.　　☞ 거백옥(遽伯玉)

분수 안에서 사는 자는 도(道)를 행하고, 분수 밖의 것을 탐내는 자는 재물을 모으려 한다.
도를 행하는 자에게는 광명(光明)이 따르지만, 재물을 모으려고 애쓰는 자는 남의 물건을 빌려 파는 장사꾼과 다름없다.　　☞ 장자(莊子)

어진 사람은 어려움을 앞서 처리하고, 이익(利益)은 뒤에 취한다.　　☞ 공자(孔子) 〈논어(論語)〉

마음이 어질지 못한 자는 궁한 생활을 오래 견디지 못하며, 안락한 생활도 오래 지속하지 못한다.
　　☞ 공자(孔子) 〈논어(論語)〉

측은히 여기는 마음은 인(仁)의 단서(端緖)이고, 수치스러워하는 마음은 의(義)의 단서이다. 남에게 사양하는 마음은 예(禮)의 단서이고, 잘잘못을 가리는 마음은 지(智)의 단서이다. 사람마다 이 사단(四端)을 지니고 있음은 마치 그들에게 사지(四肢)가 있음과 마찬가지이다. ☞ 맹자(孟子)

예로부터 임금이 인(仁)을 실천하며 어진 정치를 베풀려 해도, 그것을 해치는 것이 둘 있다.
형벌(刑罰)이 많으면 백성들의 원한이 많아 인(仁)을 해치고, 세금(稅金)이 무거우면 백성들의 기름과 피가 말라붙어 인(仁)을 해친다. ☞ 이언적(李彦迪) 〈회재집(晦齋集)〉

의로움이 욕심을 이기면 창성하고, 욕심이 의로움을 이기면 망한다. ☞ 강태공(姜太公)

물과 불은 기운은 있되 생명이 없고, 풀과 나무는 생명이 있되 지각(知覺)이 없으며, 새와 짐승은 지각은 있되 의로움이 없다.
사람은 기운도 있고 생명도 있고 지각도 있으며, 또한 의로움까지 지니고 있다. 그리하여 천하에서 가장 존귀하다고 하는 것이다. ☞ 순자(荀子)

널리 사랑하는 것, 이것을 인(仁)이라 한다. 행하여 마땅한 것, 이것을 의(義)라 한다. 이로 말미암아 가는 것, 이것을 도(道)라 한다. 자기에게 만족하고 밖에서 기대하지 않는 것, 이것을 덕(德)이라 한다. 이것이 인의 도덕(仁義道德)이다.

☞ 한유(韓愈)

윗자리에 있다 하여 부하를 업신여기지 말고, 아랫자리에 있다 하여 상사에게 기어오르지 마라.

☞ 자사(子思)〈중용(中庸)〉

사람이 지나치게 기뻐하면 양(陽)이 상하고, 지나치게 성내면 음(陰)이 상한다.

양과 음이 아울러 상하면 사시(四時)의 계절(季節)도 옮아가지 않고, 한서(寒暑)의 조화(調和)도 깨어질 뿐 아니라 사람의 몸도 해친다.

☞ 장자(莊子)

산이 높고 험한 곳에는 나무가 없으나, 골짜기 감도는 곳엔 초목이 무성하다. 물살이 급한 곳에는 고기가 없으나, 못물이 고이면 어별(魚鼈)이 모여든다.

이로써 보면 너무 고상한 행동과 급격한 마음이란 군자가 깊이 경계할 바이다.

☞ 홍자성(洪自誠)〈채근담(菜根譚)〉

예(禮)에 어긋난 것은 보지 말고, 예에 어긋난 것은 듣지 말며, 예에 어긋난 것은 말하지 말고, 예에 어긋난 것은 행하지 마라.
☞ 공자(孔子) 〈논어(論語)〉

물질만능과 배금사상(拜金思想)이 득세하면 작위의 권위가 아래로 떨어진다.
☞ 관자(管子)

예(禮)란 항상 오고 가야 하는 것이다. 가고 오지 아니함은 예가 아니요, 오고 가지 아니함도 또한 예가 아니니라.
☞ 〈예기(禮記)〉

앵무새가 말을 한다 할지라도 날아다니는 새 무리임에 틀림없고, 원숭이가 말을 한다 할지라도 금수(禽獸)의 무리임에 틀림없다.
오늘날 사람이 예(禮)를 모른다면, 비록 말을 한다 할지라도 금수와 다른 점이 무엇이겠는가?
무릇 금수는 예를 모르기 때문에, 사슴 무리는 부자 공처(父子共妻)한다.
이런고로 성인(聖人)은 예로써 사람을 가르치고, 사람으로 하여금 예를 알아 스스로 금수와 다름을 알게 한다.
☞ 〈예기(禮記)〉

예(禮)에는 세 가지 근본이 있다. 하늘과 땅은 생명의 근본이요, 선조(先祖)는 종족(種族)의 근본이요, 임금과 스승은 다스림의 근본이다.

하늘과 땅이 없다면 생명이 어찌 있으며, 선조가 없다면 사람이 어디서 나오고, 임금과 스승이 없다면 어떻게 다스려지겠는가?

세 가지 중 어느 한 편이라도 없을 경우에 안락한 사람은 없을 것이다.

그러므로 위로는 하늘을 섬기고 아래로는 땅을 섬기며, 선조들을 존경하고, 임금과 스승을 존중하는 것이야말로 예(禮)의 근본이라 할 수 있다. ☞ 순자(荀子)

가정에 예(禮)가 있으므로 장유(長幼)가 분별되고, 집안 간에 예가 있으므로 삼족(三族)이 화목해지며, 조정에 예가 있으므로 관작(官爵)에 차서(次序)가 있게 되고, 사냥에 예가 있으므로 무공(武功)이 성취된다. ☞ 공자(孔子)

임금은 명령하고 신하는 복종하며, 아버지는 사랑하고 아들은 효도하며, 형은 우애를 베풀고 아우는 공경하며, 남편은 온화하고 아내는 유순하며, 시어머니는 인자하고 며느리는 순종하는 것이 예도(禮度)이다. ☞ 안자(晏子)

군자(君子)가 예(禮)를 가지지 않으면 서인(庶人)이고, 서인이 예를 가지지 않으면 이는 금수(禽獸)이다. 신하가 용기를 많이 가지면 임금을 죽이고, 아랫사람이 힘을 많이 가지면 상관을 죽인다.

그러나 그렇게 못하는 것은 다만 예(禮) 때문이다. 백성을 제어(制御)할 수 있음은 예가 있기 때문이고, 말[馬]을 제어할 수 있음은 고삐가 있기 때문이다.

그러므로 예가 없으면서 나라를 잘 다스린 자가 있다는 것은 들어보지 못했다.　　　　　　　　　　☞ 안자(晏子)

대저 사람이 사람 되는 까닭은 예의에 있다. 예의의 시초는 얼굴과 몸을 바로 가지며, 낯빛을 온화하게 하고, 말소리를 유순히 하는 데 있다.　　　　　　　☞ 〈관의(冠義)〉

아는 자는 말하지 않고, 말하는 자는 알지 못하는 것이다. 그러므로 성인(聖人)은 말하지 아니하고서 가르친다.

☞ 장자(莊子)

정의를 바탕으로 삼고, 예의로써 행동하며, 겸손한 말로써 뜻을 나타내고, 신의(信義)로써 이(利)를 달성하는 사람이야말로 군자(君子)라 하겠다.　　☞ 공자(孔子) 〈논어(論語)〉

성인의 다스림은 언뜻 보기에는 막연하여 슬기롭게 나타나는 게 없다. 남는 것은 덜고, 모자라는 것은 보충한다.

이와 같이 천도(天道)는 남는 것을 덜어서 모자라는 것에 보충하는 데 비해, 인도(人道)는 그렇지 않다. 차라리 모자라는 것을 더 덜어서 남아돌아가는 편을 받들고 있다.

남아돌아가는 재물로 능히 천하 사람에게 혜택을 줄 수 있는 일은 도(道) 있는 사람만이 가능하다.

그렇듯 성인(聖人)은 훌륭한 일을 하고도 자랑하지 않고, 큰 공을 이루고도 거기에 주저앉지 않으며, 자기의 현명함을 드러내고자 하지 않는다.　　　　　　　　　☞ 노자(老子)

군자(君子)가 경계해야 할 것이 세 가지 있느니라.

젊어서 혈기(血氣)가 잡히지 않았을 때에는 여색(女色)을 삼가야 하고, 나이 들어 혈기가 왕성할 때에는 싸움을 삼가야 하며, 늙어서 혈기가 쇠했을 때에는 물욕(物慾)을 삼가야 하느니라.　　　　　　　　☞ 공자(孔子) 〈논어(論語)〉

자기가 잘났다고 뽐내는 관리(官吏)나, 보석을 자랑 삼는 사교계의 여자나, 대가연(大家然)하여 간소하고 자연스러운 생활을 청산한 풋내기 작가들처럼 세상에 불쌍한 소인(小人)은 없다.　　　☞ 임어당(林語堂) 〈생활(生活)의 발견(發見)〉

소인(小人)이란 허망한 곳에 힘쓰면서도 남들이 자기를 믿어주기 바라고, 속이는 것에 힘쓰면서도 남들이 자기와 친해지기를 바라며, 금수(禽獸)와 같은 행동을 하면서도 남들이 자기를 착하다고 하기를 바란다. ☞ 순자(荀子)

작은 지혜는 큰 지혜를 알 수 없고, 작은 해[年]는 큰 해[年]를 알지 못한다.
아침에 돋아난 버섯은 밤과 낮의 교체를 알지 못하고, 매미는 봄과 가을의 교체를 알지 못하나니, 이는 작은 해[年]이기 때문이다. ☞ 장자(莊子)

우물 안 개구리에게 바다를 이야기할 수 없음은 좁은 우물에만 갇혀 있기 때문이고, 여름철 벌레에게 얼음을 이야기할 수 없음은 한 계절에만 살기 때문이며, 견식(見識)이 좁은 사람에게 도(道)를 이야기할 수 없음은 세속적인 가르침에만 구속(拘束)되어 있기 때문이다. ☞ 장자(莊子)

백조는 매일 목욕하지 않는데도 희고, 까마귀는 매일 검정칠을 하지 않건만 검다. 흑백(黑白)이나 선악(善惡)의 본질은 변하지 않는 것이니, 이는 논할 주제도 되지 못한다.
☞ 노자(老子)

귀한 자는 그 자체로서 귀한 것이 아니라 천한 자가 그 근본이 되어 있는 것이며, 높은 사람은 그 자체로서 높은 것이 아니라 낮은 자가 그 근본이 되어 있는 것이다.

그러기에 고귀한 왕후(王侯)가 스스로를 고(孤)·과(寡)·불곡(不穀)이라 부르는 것은, 자기가 천한 것으로써 근본을 삼고 있다는 증거가 아닌가. ☞ 노자(老子)

양려(梁麗)라는 메는 성(城)을 부술 수는 있으나, 쥐구멍을 막을 수는 없다. 이는 기구(器具)의 용도가 다르기 때문이다. 준마(駿馬)는 하루에 천 리를 달릴 수는 있으나, 쥐를 잡는 데는 고양이나 족제비만 못하다. 이는 사물에 따라 재주가 다르기 때문이다.

올빼미는 밤이라면 벼룩을 잡고 털을 볼 수 있으나, 낮에 나오면 눈을 뜨고도 산조차 보지 못한다. 이는 사물에 따라 그 본성(本性)이 다르기 때문이다. ☞ 장자(莊子)

물오리의 다리는 비록 짧으나 이를 늘여 준다면 슬퍼할 것이고, 학의 다리는 비록 길지만 이를 잘라 준다면 슬퍼할 것이다. 그러므로 길게 타고난 것은 자를 것이 못되며, 짧게 타고난 것은 길게 해줄 것이 못된다. 그렇다고 근심을 없애주지 못하기 때문이다. ☞ 장자(莊子)

사람은 크게 노하면 음기(陰氣)를 망치고, 크게 기뻐하면 양기(陽氣)를 떨어뜨린다. 또한 크게 걱정하면 속이 붕괴되고, 크게 겁을 먹으면 광기(狂氣)가 생긴다.

더럽고 번거로운 잡기(雜氣)들을 제거하는 가장 좋은 방법은 근원인 바탕에서 애당초 벗어나지 않는 것이 제일이다. 즉 대통(大通)하는 것이다. ☞ 회남자(淮南子)

타고난 미인은 사람이 준 거울을 보거나, 사람이 말해 주지 않는다면 자기가 남보다 아름답다는 사실을 알 수 없다. 그러나 스스로 그 사실을 알거나 알지 못하거나, 또는 남에게서 듣거나 듣지 않거나, 본인이 기뻐하거나 말거나, 또 남이 칭찬하거나 말거나, 그 아름다움에는 변함이 없다. 그 미인의 아름다움은 천성(天性)으로 타고났기 때문이다.

☞ 장자(莊子)

복숭아꽃 오얏꽃이 아무리 고운들 어찌 저 송백(松柏)의 굳고 곧음만 하랴. 배와 살구가 맛이 달아도 어찌 저 노란 유자와 푸른 귤의 맑은 향기를 당하랴.

진실함이여! 너무 곱고 빨리 지느니보다 담백(淡白)하고 오래가는 것이 좋으며, 일찍 마치느니보다 늦게 이루는 것이 더 나으리라. ☞ 홍자성(洪自誠) 〈채근담(菜根譚)〉

도둑질을 하여 잘사는 사람도 있으나, 잘사는 사람이라고 하여 다 도둑질을 한 것은 아니다.

청렴해서 가난하게 사는 사람도 있으나, 가난한 사람이 모두 청렴한 것은 아니다.　　　　　　　　　☞ 회남자(淮南子)

사랑은 부하를 순종케 하고, 위엄은 상관의 체통을 세워 준다. 부하는 상관이 사랑하기 때문에 두 마음을 품지 않고, 대장에게 위엄이 있기 때문에 그 명령을 어기지 않는다. 그러므로 일국(一國)의 장수 된 자는 사랑과 위엄을 겸비해야 한다.　　　　　　　　　　　　　☞ 위조자(尉繚子)

현명한 사람은 귀하게 여겨 그를 공경하고, 못난 사람은 두려워하여 그를 공경한다. 현명한 사람은 친하여 그를 공경하고, 못난 사람은 멀리하여 그를 공경한다.

그러므로 그들이 공경하는 점에서는 한 가지이지만, 감정에 있어서는 두 가지인 것이다.　　　　　　　　☞ 순자(荀子)

세상 사람들은 자기가 좋아하는 것은 신기하다 하고, 싫어하는 것은 썩었다 한다.

그러나 썩은 것이 다시 변하여 신기한 것이 되고, 신기한 것이 변하여 썩은 것이 된다.　　　　　　　☞ 장자(莊子)

강물이 모든 골짜기의 물을 흡수할 수 있는 것은 아래로 흐르기 때문이다. 오로지 아래로 처질 수 있으면, 결국 위로도 오를 수 있게 된다.　　　　　　　　☞ 회남자(淮南子)

평생토록 r길을 양보해도 백 보에 지나지 않을 것이며, 평생토록 밭두렁을 양보해도 한 마지기를 잃지 않을 것이다.
　　　　　　　　☞ 주인궤(朱仁軌)

위엄을 너무 내세우면 부하가 실력을 내세우지 못하고, 위엄이 너무 적으면 부하를 통솔하지 못한다.
　　　　　　　　☞ 사마양저(司馬穰苴) 〈사마법(司馬法)〉

겉으로만 위엄이 있으면서 속으로 약(弱)한 사람은 소인(小人)에게 비유하여 말하면, 벽을 뚫고 담을 넘는 도둑과 같으니라.　　　　　　　　☞ 공자(孔子) 〈논어(論語)〉

순응(順應)하는 사람에게는 만물(萬物)이 스스로 들어온다. 자기 한 몸조차 받아들이지 못하고 만물과 대립하는 자에게는 어떤 것도 용납될 여유가 없다.
다른 사람을 용납하지 못하는 사람에게는 친한 사람이 없고, 친한 사람이 없으면 모두가 남인 법이다.　　☞ 장자(莊子)

겸양(謙讓)은 아름다운 행실이다. 그러나 겸양이 지나치면 공손하고 삼감을 지나 비굴(卑屈)이 되므로, 본 마음을 의심하게 한다.   ☞ 홍자성(洪自誠) 〈채근담(菜根譚)〉

까치발을 딛고 있는 자는 오래 서 있지 못하고, 가랑이를 쩍 벌린 자는 걸을 수 없다.
스스로 나타내는 자는 분명히 나타나지 않고, 스스로 옳다고 생각하는 자는 남에게 인정받지 못한다.
스스로 칭찬하는 자는 그 공이 없고, 스스로 자랑하는 자는 그 공이 오래가지 못한다.   ☞ 노자(老子)

요즈음 세상 사람들은 하급관리(下級官吏)에라도 임명되면 교만해지고, 대부(大夫)가 되면 수레 위에서 춤추며, 정승이 되면 숙부(叔父) 이름까지 부르려 든다.   ☞ 장자(莊子)

성실함은 하늘의 도(道)요, 성실해지려고 노력함은 사람의 도(道)이니라.   ☞ 자사(子思) 〈중용(中庸)〉

물을 마셔도 급히 마시면 탈이 나듯, 모든 일에 급히 서둘거나 말을 서둘러 하면 반드시 후회하게 된다.
    ☞ 이언적(李彦迪) 〈회재집(晦齋集)〉

아랫자리에 있으면서 윗사람의 신임을 받지 못하면 백성을 다스리지 못한다. 윗사람의 신임을 받는 데는 길이 있다. 친구의 신임을 받지 못하면 윗사람의 신임을 받지 못한다. 친구의 신임을 얻는 데는 길이 있다.

부모를 섬겨 기쁘게 해드리지 못하면 친구의 신임을 얻지 못한다. 부모를 기쁘게 해드리는 데는 길이 있다.

스스로 반성하여 성실하지 않으면 부모를 기쁘게 해드릴 수 없다. 자신을 성실하게 하는 데는 길이 있다.

무엇이 선(善)인가를 밝힐 줄 모르면 성실해질 수 없다. 그러므로 성실이란 하늘의 도(道)이고, 성실해지려고 노력함은 사람의 도(道)이니라. ☞ 맹자(孟子)

장차 눈이 멀게 될 사람이 가는 터럭을 먼저 보고, 장차 귀가 들리지 않게 될 사람이 모기 소리를 먼저 들으며, 장차 넘어질 수도 있는 사람이 먼저 달려간다. ☞ 열자(列子)

제때가 아닌데 꽃피는 나무의 열매는 먹을 수가 없다.

☞ 회남자(淮南子)

큰 지혜는 관대하고, 작은 지혜는 다투기를 즐긴다.

☞ 장자(莊子)

세 가지 기준으로 지혜를 가릴 수 있다. 그릇과 도량의 깊고 얕음이요, 학술의 닦음이 정(精)하고 거침이며, 논의의 옳고 그름이다.

그러므로 내 그릇이 얕으면 남의 깊음을 재지 못하고, 내 학술이 거칠면 남의 정함을 가리지 못하며, 내 논의가 옳지 못하면 남의 옳음을 따르지 못한다.　　☞ 노수신(盧守愼)

백옥(白玉)은 진흙 속에 던져지더라도 그 빛을 더럽힐 수 없다. 군자(君子)는 부정한 곳에 갈지라도 그 마음을 어지럽힐 수 없다.

그러므로 송백(松柏)은 능히 설상(雪霜)을 견뎌내고, 밝은 지혜는 능히 위난(危難)을 극복한다.　　☞ 〈익지서(益智書)〉

하늘이 무엇인지를 알고, 사람이 무엇인지를 아는 사람은 최상의 지혜에 이른 것이다. 하늘이 무엇인지를 아는 자는 하늘의 뜻대로 살며, 사람이 무엇인지를 아는 자는 아는 지혜로써 모르는 지혜를 발전시킨다.　　☞ 장자(莊子)

어려운 고비를 넘기면 쉬운 일이 생긴다. 뜻이 견고하면 이루어지지 않는 일이 없지만, 의심만 하고 있으면 되는 일이 하나도 없다.　　☞ 포박자(抱朴子)

틈으로 새어든 빛은 한 구석을 밝히지만, 창문으로 들은 빛은 맞은편 빛을 밝혀 주고, 큰 문을 통해 들은 빛은 온 방을 밝혀 준다. 하물며 우주의 빛이 비치면, 그 무게가 무엇인들 온 천하에 밝지 않은 것이 있겠는가.

이렇듯 받는 빛이 작으면 알고 보는 것도 천박해지지만, 받는 빛이 크면 알고 보는 바가 넓고 깊게 된다.

☞ 회남자(淮南子)

지혜 있는 사람은 물을 좋아하고, 어진 사람은 산을 좋아한다. 지혜 있는 사람은 움직이고, 어진 사람은 고요하다. 지혜 있는 사람은 즐거이 살고, 어진 사람은 수(壽)를 다한다.

☞ 공자(孔子) 〈논어(論語)〉

삼군(三軍)을 상대하여 그 장수를 뺏을 수는 있어도, 한 사나이의 뜻은 빼앗기 어렵다. ☞ 공자(孔子) 〈논어(論語)〉

자기를 반성하는 이는 닥치는 일마다 다 이로운 약이 되지만, 남의 탓을 하는 이는 움직일 때마다 스스로를 해하는 창과 칼이 된다. 앞의 것은 선행(善行)의 길을 열고, 뒤의 것은 악(惡)한 길의 근원이 된다. 이 두 가지의 차이는 하늘과 땅의 차이와 같다. ☞ 홍자성(洪自誠) 〈채근담(菜根譚)〉

큰 소리로 불러도 고작 백(百) 보(步)도 넘지 못한다. 그러나 뜻이 있으면 천리(千里)를 넘어 서로 통한다.

☞ 회남자(淮南子)

군자는 환난에 처해도 근심하지 않고, 즐거운 때를 당해도 근심하며, 권세 있는 사람을 만나도 두려워하지 않고, 의지 없는 사람을 대하면 안타까워한다.

☞ 홍자성(洪自誠) 〈채근담(菜根譚)〉

그릇이 차면 넘치고, 사람이 자만하면 이지러진다.

☞ 〈명심보감(明心寶鑑)〉

천 년을 보고자 한다면 오늘을 살피고, 억만(億萬)을 알고자 한다면 하나 둘을 살펴야 한다. ☞ 순자(荀子) 〈비상편(非相篇)〉

군자(君子)는 근본에 힘쓰니, 근본이 서면 도(道)가 생겨날 것이다.

☞ 공자(孔子) 〈논어(論語)〉

차라리 소인(小人)에게 꺼리고 비방을 당하는 사람이 될지 언정, 소인이 아첨하고 좋아하는 사람이 되지 마라.

☞ 홍자성(洪自誠) 〈채근담(菜根譚)〉

잘 세워진 것은 뽑혀지지 않으며, 잘 감싼 것은 벗겨지지 않는다. ☞ 노자(老子)

남을 사랑하는데도 친해지지 않거든 인(仁)함이 부족한지를 반성하고, 남을 예(禮)로써 대하는데도 응답이 없거든 공경심이 없었는지를 반성하라. 행했는데도 기대한 바를 얻지 못하거든 돌이켜보아 자신에게서 그 원인을 찾아라. ☞ 맹자(孟子)

차라리 밑이 없는 항아리는 막을 수 있을지언정, 코 아래 가로질러 있는 입은 막기 어려운 것이다. ☞ 〈명심보감(明心寶鑑)〉

물을 그릇에 가득 담아 들고 엎지르지 않으려고 애쓰느니, 처음부터 그런 일을 하지 않는 것이 상책이다. 칼을 갈아 날카롭게 해두어도, 그 상태로 오래 보전하는 것은 쉽지 않다. 금옥(金玉)이 집에 가득할 만큼 많더라도 끝까지 지킬 수 없고, 부귀가 대단해도 교만해져서 스스로 불행을 초래할 것이다.

그러므로 공(功)을 이루어 이름이 나면, 이룬 자가 물러나는 것이 하늘의 도리이다. ☞ 노자(老子)

천자(天子)가 참으면 나라에 해가 없을 것이고, 제후(諸侯)가
참으면 나라가 커갈 것이며, 관리(官吏)가 참으면 그 지위가
높아질 것이다.

형제가 참으면 집이 부귀하게 될 것이고, 부부끼리 참으면
일생을 해로할 것이다. 벗끼리 참으면 의리가 허물어지지
않을 것이요, 자신이 참으면 화해(禍害)가 없을 것이다.

☞ 공자(孔子)

독실하게 믿고 배우기를 좋아하며, 죽음으로써 지켜 도(道)
를 높여라. ☞ 공자(孔子) 〈논어(論語)〉

인간관계

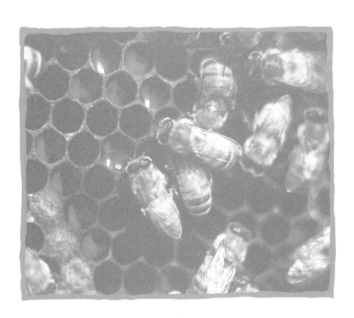

옛날 친구를 만나거든 마땅히 의기를 더욱 새롭게 하라.
비밀스런 일에 처하거든 마땅히 마음자리를 더욱 나타나게
하라.
노쇠한 사람을 대함에는 마땅히 은례(恩禮)를 더욱 융성하
게 하라. ☞ 홍자성(洪自誠)〈채근담(菜根譚)〉

위에 있으면서 교만하지 않으면 아무리 지위가 높아져도
위태하지 않고, 예절과 법도를 삼가면 아무리 재물이 가득해
도 넘치지 않는다. ☞〈소학(小學)〉

냉정한 눈으로 사람을 보고, 냉정한 귀로 말을 듣고, 냉정한
마음으로 도리를 생각하라.
☞ 홍자성(洪自誠)〈채근담(菜根譚)〉

평소에 공손하고, 일을 함에 신중하고, 사람을 대함에 진실
하라. 그러면 비록 오랑캐 땅에 간다 할지라도 버림받지 않
으리라.   ☞ 공자(孔子)〈논어(論語)〉

이익이 앞에 있을 때 의리를 생각하고, 위급한 시기에 목숨
을 내놓으며, 오랜 약속을 평생토록 잊지 않고 지킨다면 완
성된 사람이라 하겠다.   ☞ 공자(孔子)〈논어(論語)〉

공로와 과실을 조금도 혼동하지 마라. 혼동하면 사람들이
태만한 마음을 품는다.
은의(恩意)와 구원(仇怨)은 크게 밝히지 마라. 밝히면 사람들
이 배반의 뜻을 일으킨다.   ☞ 홍자성(洪自誠)〈채근담(菜根譚)〉

일을 사양하고 물러서려거든 그 전성(全盛)의 때를 택하고,
몸 둘 곳을 택하려거든 홀로 뒤떨어진 자리를 택하라.
                               ☞ 홍자성(洪自誠)〈채근담(菜根譚)〉

한쪽에 치우침으로써 간사한 사람에게 속지 말고, 제 힘을
너무 믿어 객기 부리지 말며, 자신의 장점(長點)으로써 남의
단처(短處)를 들춰내지 말고, 자신이 무능하다 하여 남의 능
함을 미워하지 마라.   ☞ 홍자성(洪自誠)〈채근담(菜根譚)〉

벼랑길 좁은 곳에서는 한 걸음 멈추고, 다른 사람으로 하여금 먼저 가게 하라. 맛 좋은 음식은 삼분의 일을 덜어서 다른 사람에게 양보하라. 이것이 곧 세상을 건너가는 가장 안전한 방법이다. ☞ 홍자성(洪自誠)〈채근담(菜根譚)〉

물이 지나치게 맑으면 고기가 없고, 사람이 이것저것 지나치게 살피면 따르는 사람이 없다. ☞〈공자가어(孔子家語)〉

바늘로 백 번 찌를지언정, 칼로 한 번 베는 것을 삼가라. 한바탕 무거운 것을 당기는 것보다 항상 가벼운 것을 들고 있기가 더 어렵다. ☞ 회남자(淮南子)

간악한 사람을 물리치고 망령된 무리를 막으려면, 한 줄기 달아날 길을 열어줘야 한다.
만일 그들로 하여금 한 곳도 몸 둘 곳을 없게 하면 이는 쥐구멍을 막음과 같다. 달아날 길을 모두 막으면 소중한 기물을 다 물어뜯을 것이다. ☞ 홍자성(洪自誠)〈채근담(菜根譚)〉

근원이 깊어야 강물이 흐르고, 물이 흘러야 물고기가 생기며, 뿌리가 깊어야 나무가 잘 자라고, 나무가 자라야 열매를 맺는다. ☞ 강태공(姜太公)

다스리는 이는 지위가 성취되는 데서 게을러지고, 병은 얼마 간 치유되는 데서 더해지며, 화(禍)는 해이한 데서 생기고, 효도(孝道)는 처자를 갖는 데서 흐려지는 법이다.
이 네 가지를 살펴서 나중을 삼가고, 처음과 같이 해야 한다.
☞ 설원(說苑)

남의 외밭 가에서 신을 고쳐 신지 말아야 하고, 오얏나무 아래에서는 갓을 고쳐 쓰지 말아야 한다. ☞ 강태공(姜太公)

귀한 손님 앞에서는 개를 꾸짖지 말고, 음식을 사양할 때는 침을 뱉지 말아야 한다. ☞〈소학(小學)〉

남의 조그만 허물을 꾸짖지 말고, 남의 비밀을 드러내지 말 며, 남의 지난날 잘못을 생각하지 마라.
이 세 가지는 가히 덕을 기르며, 또한 해(害)를 멀리할 것이 다. ☞ 홍자성(洪自誠)〈채근담(菜根譚)〉

땅 속 깊이 뿌리 뻗은 나무가 아니면 구름에 닿을 줄기나 가지를 기다려도 소용없고, 수원(水原)이 넓고 깊지 않으면 만 리에 이르는 흐름이 도도해도 훌륭한 물고기가 있을 까닭 이 없다. ☞ 포박자(抱朴子)

뜻을 굽혀서 남으로부터 기쁨을 얻기보다, 내 몸의 행실을
곧게 하여 사람의 미움을 받음이 더 낫다.
좋은 일 한 것도 없이 남의 칭찬을 받기보다, 나쁜 일을 하지
않고서 남의 헐뜯음을 당하는 것이 더욱 낫다.

☞ 홍자성(洪自誠)〈채근담(菜根譚)〉

태평한 세상을 당해서는 마땅히 방정하게 해야 하고, 어지러
운 세상을 당해서는 몸가짐을 원만하게 해야 하며, 말세를
당해서는 마땅히 방정함과 원만함을 아울러 써야 한다.
착한 사람을 대함에는 너그럽게 하고, 악한 사람을 대함에는
엄하게 하며, 보통 사람을 대함에는 마땅히 너그러움과 엄함
을 아울러 지녀야 한다.   ☞ 홍자성(洪自誠)〈채근담(菜根譚)〉

수고란 아랫사람이 윗사람을 섬기는 것이고, 은혜란 윗사람
이 아랫사람을 어루만지는 것이다.
무릇 사람이란 이처럼 서로 보답하기 마련이다.

☞ 정도전(鄭道傳)〈삼봉집(三峰集)〉

선비가 세력(勢力)을 의지하여 출세하면 끝이 있기 어렵고,
글과 행실로써 출세해야 경사가 있다.

☞ 최충(崔沖)〈보한집(補閑集)〉

사은(私恩)을 파는 것은 공의(公議)를 돕는 것보다 못하며, 새로이 지우(知友)를 만드는 것은 옛 친구와 정을 두터이 하는 것보다 못하다.

드날리는 명성을 세우기보다는 숨은 공덕을 심는 것이 더 나으며, 어려운 절의(節義)를 숭상하느니보다는 행동에 더러운 허물이 없도록 삼가는 것이 더 낫다.

☞ 홍자성(洪自誠)〈채근담(菜根譚)〉

기녀(妓女)라도 늘그막에 양인(良人)을 좇으면 한 평생의 분 냄새가 거리낌이 없을 것이요, 정부(貞婦)라도 머리털 센 다음에 정조(貞操)를 잃으면 반생(半生)의 깨끗한 고절(苦節)도 아랑곳없으리라.

일찍이 속담에 말하기를 '사람을 보려면 그 후반(後半)을 보라' 하였으니, 참으로 명언이로다.

☞ 홍자성(洪自誠)〈채근담(菜根譚)〉

고움이 있으면 반드시 추함이 있어 서로 대(對)가 되지만, 내가 고움을 자랑하지 않으면 누구도 나를 추하다 하지 않는다. 깨끗함이 있으면 반드시 더러움이 있어 서로 대(對)가 되지만, 내가 깨끗함을 좋아하지 않으면 누구도 나를 더럽다 하지 않는다. ☞ 홍자성(洪自誠)〈채근담(菜根譚)〉

옛날 이윤(伊尹)이 요리사가 되고, 백리해(白里奚)가 노예가 되었던 것은, 모두 그의 임금이 뜻을 펴게 하기 위함이었다. 이 두 사람은 모두 성인(聖人)이다. 그런데도 나아가 벼슬을 하고, 자기 몸을 수고롭게 해가면서 이처럼 몸을 더럽혀야 했다.

지금 내가 한 말 때문에 요리사나 노예가 된다 할지라도, 그의 의견이 받아들여져 세상을 뒤흔들 수 있다면, 이것은 벼슬할 능력을 가진 사람이 수치로 여길 일은 아니다.

☞ 한비자(韓非子)

한 고을의 선비일 때는 한 고을의 선비를 사귀고, 한 나라의 선비일 때는 한 나라의 선비를 사귀며, 천하의 선비일 때는 천하의 선비를 사귀라.

천하의 선비를 사귀어도 마음에 차지 않거든, 다시 옛 사람을 숭상하여 논하라.

☞ 맹자(孟子)

나에게 닥쳐오는 불행도 그 원인은 스스로 만든 것이요, 나에게 찾아드는 행복도 스스로 이룬 것이다.

그렇듯 불행과 행복은 같은 문에서 들어오고 나가며, 이익과 손해는 서로 이웃하며 상대적으로 자리바꿈하는 것이다.

☞ 회남자(准南子)

가까운 사람들과 친하지 않으면서 멀리 있는 사람들과 가까이하려 애써서는 안 된다. 친척들이 따르지 않는다면 밖의 사람들과 사귀려고 애써서는 안 된다.

그러므로 옛 임금들은 천하를 다스림에 있어서 반드시 가까운 것을 잘 살핀 다음 먼 것을 가까이했던 것이다.

☞ 묵자(墨子)

제 집에 있을 때 손님을 맞아들일 줄 모르면, 밖에 나갔을 때에야 비로소 자기를 환대해 줄 주인이 적음을 알게 된다.

☞ 〈명심보감(明心寶鑑)〉

오래 머물면 남에게 업신여김을 받고, 자주 오면 친분도 엷어진다. 단 사흘이나 닷새 사이에도 서로 대하는 것이 처음과 같지 않음과 같다.

☞ 〈명심보감(明心寶鑑)〉

은혜를 베풀거든 그 보답을 구하지 말고, 남에게 주었거든 뒤돌아보며 뉘우치지 마라.

☞ 〈명심보감(明心寶鑑)〉

부모의 낳은 은혜 갚기를 죽음으로써 다하고, 남에게서 받은 은혜 갚기를 힘껏 하는 것이 사람의 도리이다.

☞ 〈소학(小學)〉

공손하면 남에게 모욕을 당하지 않고, 관대하면 많은 사람으로부터 지지를 얻는다.

신의가 있으면 사람들이 믿고 맡기고, 민첩하면 공을 이루며, 은혜를 베풀면 능히 사람을 부릴 수 있다.

☞ 공자(孔子) 〈논어(論語)〉

나라가 바로 다스려지면 천심(天心)도 순해지고, 관청이 청백하면 백성은 저절로 편안해진다.

아내가 어질면 그 남편의 화(禍)가 적어지고, 자식이 효성스러우면 그 아버지의 마음이 너그러워진다.

☞ 〈명심보감(明心寶鑑)〉

은혜와 의리를 널리 베풀어라. 인간의 삶이란, 어느 곳에서 서로 만나게 될 줄 아무도 모른다.

그가 누구든 원수 짓거나 원망 사게 하지 마라. 좁은 길에서 만나면 피하기 어렵다. ☞ 〈명심보감(明心寶鑑)〉

해와 달이 비록 밝지만 엎어놓은 소래기 밑은 비추지 못하고, 칼날이 비록 잘 들지만 죄 없는 사람은 베지 못한다.

불의(不意)의 재화(災禍)는 조심하는 집의 문에는 들지 못한다.

☞ 강태공(姜太公)

어두운 밤이라 아는 자가 없다 하나, 하늘이 알고 신(神)이 알며, 내가 알고 그대가 알거늘 어찌 아는 이가 없다 하는가.

☞ 양운(楊雲)

오, 경계해야 한다! 걱정이 없을 때 경계하여 법도를 잃지 말고, 편안히 놀지 말며, 즐기는 일에 빠지지 마라.

☞ 〈서경(書經)〉

재상이 된 노(魯)나라의 박사(博士) 공의휴(公儀休)는 생선을 좋아했다. 한나라의 제후(諸侯)가 그것을 알고 생선을 바쳤으나, 공의후는 받지 않았다.

"선생님은 생선을 좋아하시는데, 왜 받지 않으십니까?"

제자가 충간(忠諫)하자, 공의휴가 이렇게 대답했다.

"바로 내가 생선을 좋아하기 때문에 받지 않은 것이다. 생선을 받고 재상의 자리에서 면직되면 아무리 내가 좋아하는 생선일지라도 내 스스로 먹을 수 없을 것이다. 그러나 생선을 받지 않으면 재상의 자리에서 면직되지 않을 것이니, 오래도록 생선을 먹을 수 있지 않겠느냐."

공의휴는 어떻게 하는 것이 자신을 위하는 것이고, 어떻게 하는 것이 남을 위하는 것인가를 분명히 아는 사람이라 하겠다.

☞ 공의휴(公儀休)

받아도 되고 받지 않아도 될 때 받는 것은 자기의 청렴(淸廉)을 손상시키고, 주어도 되고 주지 않아도 될 때 주는 것은 자기의 은혜를 손상시키며, 죽어도 되고 죽지 않아도 될 때 죽는 것은 자기의 용기를 손상시키는 것이니라.

☞ 맹자(孟子)

관리(官吏)들에게 널리 퍼져 있는 주구(誅求)의 폐단이란 과연 무엇인가?

권력 있고 간사한 무리들이 질서를 어지럽힌 뒤로 상하(上下)가 모두 뇌물을 일삼으니, 벼슬도 뇌물이 아니면 승진되지 못하고, 쟁송(爭訟)도 뇌물이 아니면 판결나지 않으며, 죄인도 뇌물이 아니면 방면(放免)되지 못하고, 백관(百官)들은 법도에 어긋나는 일만 한다.

그뿐인가. 관리들은 법률의 조문(條文)을 농간하기에 이르러 옥송(獄訟)의 중대한 사건마저도 교활한 관리의 손에 맡겨져 그 뇌물의 많고 적음을 보아 옳고 그름을 판결하게 되었으니, 이는 진실로 정치를 어지럽히고 나라를 쇠망하게 하는 고질병이 아니고 무엇이겠는가. ☞ 이이(李珥) 〈율곡집(栗谷集)〉

팔이 바깥쪽으로 굽지 않는 것은 술잔을 잡기에 편하도록 하기 위해서이다.

☞ 박지원(朴趾原)

참고 또 참아라. 경계하고 또 경계하라. 참지 않고 경계하지 않으면 작은 일도 크게 벌어진다.　☞〈명심보감(明心寶鑑)〉

오늘 밤은 달이 몹시 밝다. 왜적(倭賊)은 잔꾀가 많아 달이 없는 밤에도 아군을 습격해 오겠지만, 이같이 달 밝은 밤에는 틀림없이 습격해 올 것이니 경비를 게을리 해서는 안 된다.　☞ 이순신(李舜臣)

생각은 항상 전장(戰場)에 나아간 날같이 하고, 마음은 언제나 다리를 건널 때처럼 지니라.　☞〈명심보감(明心寶鑑)〉

천하에 큰 경계(警戒) 둘이 있으니, 그 하나는 천명(天命)이고 다른 하나는 정의(正義)이다. 자녀가 부모를 섬김은 천명이니 마음에서 우러나는 것이요, 국민이 국가를 섬김은 정의이니 세상에서 피할 수 없는 것이다.　☞ 공자(孔子)

참언하고 욕하는 사람은 조각구름이 햇빛을 가림과 같아서 오래지 않아 절로 밝아진다.
아양 떨고 아첨하는 사람은 틈새 바람이 살갗에 스며듦과 같아서 그 손해를 깨닫지 못한다.
　☞ 홍자성(洪自誠)〈채근담(菜根譚)〉

세상일은 처음에는 너그러우나 끝에는 으레 인색해지기 마련이다. 그러나 처음에 대수롭지 않다 하여 경계하지 않으면, 마침내는 수습할 수 없게 된다.　　　☞ 공자(孔子)

사람에게는 빠지기 쉬운 여덟 가지 잘못이 있으니, 잘 살피지 않으면 안 된다.

자기가 할 일이 아닌데 하는 것을 주책이라 하고, 상대방이 청하지도 않는데 의견을 말하는 것을 망령이라 하며, 남의 비위를 맞추어 말하는 것을 아첨이라 하고, 시비를 가리지 않고 마구 말하는 것을 분수 적다고 하며, 남의 단점을 말하기 좋아하는 것을 참소라 하고, 남의 관계를 갈라놓는 것을 이간이라 하며, 나쁜 짓을 칭찬하여 사람을 타락시킴을 간특하다 하고, 옳고 그름을 가리지 않고 비위를 맞춰 상대방의 속셈을 뽑아보는 것을 음흉하다고 한다.

이 여덟 가지 잘못은 밖으로는 남을 어지럽히고, 안으로는 자기 몸을 해친다. 때문에 군자는 이런 사람을 친구로 사귀지 않고, 명군(明君)은 이런 사람을 신하로 삼지 않는다.　　　☞ 장자(莊子)

조심하는 일에는 실패가 거의 따르지 않는다.
　　　☞ 공자(孔子) 〈논어(論語)〉

저 아름다운 가죽을 지닌 여우나 표범이 깊은 숲속에 살면서 바위굴에 엎드려 있는 것은 고요함을 택하기 때문이요, 밤에 돌아다니고 낮에 숨어 있는 것은 경계하기 때문이며, 굶주림에 시달려도 인가(人家)에서 떨어진 강호(江湖)에서 먹이를 구함은 안전(安全)을 도모하기 때문이다.

이렇게 조심하는데도 그물이나 덫에 걸림을 면치 못함이 어찌 그들에게 죄가 있어서이겠는가. 오로지 그 가죽이 아름답기 때문이다. ☞ 장자(莊子)

지금 다섯 개의 송곳이 있다면 이들 중 가장 뾰족한 것이 먼저 무디어질 것이며, 다섯 개의 칼이 있다면 이들 중 가장 날카로운 것이 먼저 닳을 것이다.

그래서 맛있는 샘물이 먼저 마르고 쭉 뻗은 나무가 먼저 잘리며, 신성한 거북이 먼저 불에 구워지고, 신성한 뱀이 먼저 햇빛에 말려진다.

비간(比干)이 죽임을 당한 것은 그가 고상했기 때문이고, 맹비(孟費)가 죽임을 당한 것은 그가 용감했기 때문이며, 서시(西施)가 물에 빠져 죽은 것은 그가 아름다웠기 때문이며, 오기(吳起)가 몸을 찢긴 것은 그가 일을 잘했기 때문이다. 이들은 모두 장점(長點) 때문에 죽은 것이다. 그러므로 '너무 성(盛)한 것은 지키기 어렵다'고 했다. ☞ 묵자(墨子)

이 세상에서 방관자(傍觀者)보다 더 보기 싫고, 얄밉고, 비열한 자는 없다. ☞ 양계초(梁啓超)

내 사람을 대함에 있어 누구를 흉보고 누구를 칭찬하랴. 그러나 어떤 이를 칭찬할 경우에는 먼저 그를 시험해 본 다음에 한다. ☞ 공자(孔子) 〈논어(論語)〉

아버지가 지은 문장(文章)을 잘되었다고 그 아들이 칭찬한다면, 남의 헐뜯음을 일으킬 뿐이다. 따라서 그 아들이 아닌 사람이 칭찬함만 못하다. ☞ 이인로(李仁老) 〈파한집(破閑集)〉

아버지가 자기의 아들 중매를 하지 않음은 아버지가 자기 자식을 칭찬하는 것보다 다른 사람이 칭찬하는 것이 더욱 효과가 있기 때문이다. ☞ 장자(莊子)

아첨을 잘하는 자는 충성하지 않고, 바른 말을 잘하는 사람은 배신하지 않는다. ☞ 정약용(丁若鏞) 〈목민심서(牧民心書)〉

사람의 마음의 움직임은 말로 인하여 베풀어지나니, 길흉(吉凶)과 영욕(榮辱)은 다 말이 불러들이는 것이다. ☞ 정신(程頤) 〈소학(小學)〉

효자는 부모에게 아첨하지 않으며, 충신은 임금에게 아첨하지 않는다.
☞ 장자(莊子)

정직하게 간(諫)하여 잘못을 바로잡아 줌은 쓴 듯하지만 실제로는 달고, 등창을 빨고 치질을 핥으며 아첨하여 받들어 줌은 편안한 듯하지만 끝은 위태롭다.
☞ 김시습(金時習) 〈매월당집(梅月堂集)〉

세상 사람들은 세력에는 모여들고, 명예와 이익은 함께 도모한다. 그러나 모여드는 사람이 많으면 세력이 갈라지고, 함께 도모하는 자가 많으면 명예와 이익도 헛수고가 된다.
☞ 박지원(朴趾源)

스승 된 사람이 도(道)를 얻고자 그 자리에 있으면, 이는 진실(眞實)로서 분수에 넘치는 일이 아니다. 그러나 도(道)를 잃고서 그 이름만을 훔치면, 이는 분수에 넘치는 일로서 진실이 아니다.
제자 된 사람이 그 교훈을 받고서 그것을 행하면, 이는 옳음이요 아첨이 아니다. 그러나 그 법(法)만 취하고 그 은혜를 저버리면, 이는 아첨이요 옳음이 아니다.
☞ 대각국사(大覺國師) 〈대각국사(大覺國師) 문집(文集)〉

분수에 넘치는 일과 아첨함은 군자(君子)가 부끄러이 여기는 것이다.

내가 만일 그대를 외람되게 인도(引導)한다면 이는 내가 그대를 속이는 것이요, 그대가 만일 나에게 아첨으로써 구한다면 이는 그대가 나를 속이는 것이다.

그러나 세상 사람들 중에는 사제(師弟)의 이름만을 알고 그 진실(眞實)을 알지 못하는 이가 왕왕 있다.

☞ 대각국사(大覺國師) 〈대각국사(大覺國師) 문집(文集)〉

대저 귀로 듣는 것도 말이요, 마음으로 듣는 것도 같은 말이다. 그러나 귀로 듣는 자(者)는 말을 밖으로 들을 뿐이고, 마음으로 듣는 자(者)는 그 말을 안에 간직한다.

☞ 정황(丁熿) 〈유헌집(遊軒集)〉

인(仁)을 갖춘 사람은 말이 거침없이 나오지 않는다. 인(仁)을 실천하기 어려우니, 어찌 말이 거침없이 나올 수 있으랴.

☞ 공자(孔子) 〈논어(論語)〉

신의(信義) 있는 말은 아름답지 않고, 아름다운 말엔 신의(信義)가 없다. 착한 사람은 말에 능하지 않고, 말에 능한 사람은 착하지 않다.

☞ 노자(老子)

그대에게 수다스럽지 말기를 경계하나니, 말이 많으면 사람들이 싫어한다.

중요한 때 말을 삼가지 않으면, 재액(災厄)이 이로부터 시작된다.

옳다 그르다 헐뜯고 칭찬하는 사이에, 일신(一身)에 욕을 당하게 된다.　　　　　　　　　　☞ 범질(范質)〈소학(小學)〉

어른과 더불어 말할 때엔 처음에는 그 낯빛을 살피고, 다음에는 그 가슴을 살피며, 나중에는 다시 낯빛을 살피되, 공경하는 마음을 고치지 말아야 한다.　　☞〈사상견례(士相見禮)〉

말을 착하고 부드럽게 하라. 악기(樂器)를 치면 아름다운 소리가 나오듯이, 그렇게 하면 몸에 시비(是非)가 붙지 않고 세상을 편안히 살다 가리라.　　　　　　☞〈법구경(法句經)〉

선비에게 간하는 벗이 있으면 몸이 아름다운 이름에서 떠나지 아니하고, 아버지에게 간하는 아들이 있으면 몸이 불의(不義)에 빠지지 않는다.　　　　　　　☞〈소학(小學)〉

나무는 먹줄을 좇음으로써 곧게 되고, 사람은 간(諫)함을 받아들임으로써 거룩해진다.　　　　　　　☞ 공자(孔子)

비록 신통한 약이라도 병이 뜨거운 환자가 먹으면 죽고, 비록 지저분한 것이라도 병이 뜨거운 환자가 먹으면 살아나기도 한다. 언어(言語)를 사용하는 것도 꼭 이 이치와 같다.

☞ 이지함(李之菡) 〈토정집(土亭集)〉

편파적인 말에서는 마음을 가리고 있음을 알 수 있고, 늘어놓는 말에서는 함정이 있음을 알 수 있으며, 간사한 말에서는 이간시키려 함을 알 수 있고, 변명하는 말에서는 궁지에 몰려 있음을 알 수 있느니라.

☞ 맹자(孟子)

개는 잘 짖는다고 좋은 개가 아니요, 사람은 말을 잘한다고 현인(賢人)이 아니다.

☞ 장자(莊子)

덕(德)이 있는 사람은 말도 훌륭하지만, 말이 훌륭한 사람이라 하여 반드시 덕이 있지는 않다.
인(仁)한 사람은 용기가 있지만, 용기 있는 사람이라 하여 반드시 인(仁)한 것은 아니다.

☞ 공자(孔子) 〈논어(論語)〉

물처럼 스며드는 중상과 피부에 느껴지는 모략이 통하지 않는다면, 가히 총명한 사람이라 할 수 있다.

☞ 공자(孔子) 〈논어(論語)〉

착한 사람일지라도 급히 친할 수 없으면 마땅히 미리 찬양하지 마라. 간사한 사람의 이간이 올까 두렵다.
몹쓸 사람일지라도 쉽게 내칠 수 없으면 미리 발설(發說)하지 마라. 뜻하지 않은 재앙을 부를까 두렵다.

☞ 홍자성(洪自誠)〈채근담(菜根譚)〉

음침하고 말없는 선비를 만나면, 마음속을 털어놓고 말하지 마라.
발끈하여 성 잘 내는 사람이 스스로 좋아함을 보이거든, 모름지기 입을 막으라. ☞ 홍자성(洪自誠)〈채근담(菜根譚)〉

남을 그르다고 하는 사람은 반드시 그것에 대신할 것을 갖추고 있어야 한다. 만일 남을 그르다고 하면서 그것에 대신할 것을 갖추고 있지 않다면, 비유컨대 그것은 물로써 물을 구(救)하고 불로써 불을 구(救)하는 것과 같은 것이다.

☞ 묵자(墨子)

비방을 들더라도 곧 성내지 말며, 칭찬을 받더라도 곧 기뻐하지 마라. 다른 사람의 나쁨을 듣거든 이에 부화(附和)하지 말고, 다른 사람의 착함을 듣거든 나아가 이에 화응(和應)하며, 또 따라 기뻐하라. ☞〈명심보감(明心寶鑑)〉

열 마디 말에 아홉 가지가 맞아도 대단하다고 칭찬하지 않으면서도, 한 마디만이라도 어긋나면 곧 허물하는 소리가 사방에서 모여든다.

열 가지 계략(計略)에서 아홉 가지가 성공해도 그 공(功)을 돌리려 하지 않으면서도, 한 계략만 이루지 못하면 비방하는 소리가 사면에서 일어난다.

이것이 군자(君子)가 침묵할지언정 떠들지 않는 까닭이고, 졸렬할지언정 교묘함을 보이지 않는 까닭이다.

☞ 홍자성(洪自誠)〈채근담(菜根譚)〉

사람의 장단점 말하기를 좋아하거나, 정치와 법령(法令)의 옳고 그름을 망령되이 평하는 것을 나는 가장 미워한다. 차라리 죽을지언정, 내 자손(子孫)에게 이 같은 행실이 있음을 듣고 싶지는 않다.

☞ 마원(馬援)〈소학(小學)〉

부자(父子)는 골육(骨肉)으로 이어졌고, 신하와 임금은 의(義)로 맺어졌다. 그러므로 아버지에게 잘못이 있을 때, 아들이 세 번 간해도 듣지 않으면 아들은 울면서 이를 따라야 한다.

그러나 신하가 임금에게 세 번 간해도 듣지 않으면 의(義)를 버려야 한다.

☞〈소학(小學)〉

예나 지금이나 사람들은 서로 헐뜯는다. 말이 많으면 많다고 헐뜯고, 말이 없으면 없다고 헐뜯으며, 적당히 말해도 역시 헐뜯는다. 헐뜯기지 않고 살 수 없는 것이 세상이다.

☞ 〈법구경(法句經)〉

무슨 문제든지 그것을 연구하는 최선의 방법은, 우선 그 문제에 대해 반대의 입장을 취하는 책부터 읽을 일이다. 이렇게 하면 얼른 속아 넘어가지 않으며, 마음의 준비가 정돈되는 것이다. 이것은 비평 정신을 기르는 방법의 하나이다.

☞ 임어당(林語堂) 〈생활(生活)의 발견(發見)〉

신하 된 자의 예(禮)로써 간(諫)하지 아니하나, 마땅히 간하여야 할 것을 세 번이나 하여 듣지 아니하면 곧 떠나야 한다. 아들이 어버이를 섬기는 일로 세 번씩이나 간하여 듣지 않더라도, 울면서 그 뒤를 따를 수밖에 없느니라. ☞ 〈예기(禮記)〉

군자(君子)는 신뢰(信賴)를 받고 난 다음에 사람을 부린다. 신뢰를 받기 전에 부리면 심하게 군다고 하기 때문이다. 군자는 신임(信任)을 얻고 난 다음에 간(諫)한다. 신임을 얻기 전에 간하면 헐뜯는다고 생각하기 때문이다.

☞ 자하(子夏) 〈논어(論語)〉

봄철의 새 소리, 여름의 매미 소리, 가을의 벌레 소리, 겨울의 눈(雪)에 귀를 기울여라. 낮에는 장기의 말 소리에, 달빛 아래서는 피리 소리에, 산에서는 솔방울 소리에, 물가에서는 물결 소리에 귀를 기울여라. 그렇게 해야만 참으로 이 세상에 태어난 보람이 있을 것이다.

다만 젊은 무뢰한들이 길거리에서 싸움질을 하거나, 마누라가 시끄럽게 바가지를 긁을 때에는 귀머거리가 되는 것이 상책이다. ☞ 임어당(林語堂)〈생활(生活)의 발견(發見)〉

임금에게 총애를 받고 있으면 지혜가 합당하게 받아들여져 더욱 친해지고, 임금에게 미움을 사고 있으면 지혜가 합당하게 받아들여지지 않고 죄를 짓게 되어 더욱 멀어진다.

그러니 임금에게 간하는 말을 하거나 변설(辨說)을 하려는 사람은, 임금의 사랑과 미움을 잘 살핀 뒤에 얘기하지 않으면 안 된다. ☞ 한비자(韓非子)

유익한 벗이 셋 있고, 해로운 벗이 셋 있느니라.

곧은 사람과, 신용 있는 사람과, 견문이 많은 사람을 벗으로 사귀면 유익하다. 반면 편벽한 사람과, 아첨하는 사람과, 말이 간사한 사람을 벗으로 사귀면 해로우니라.

☞ 공자(孔子)〈논어(論語)〉

충간(忠諫)하는 말과 정직(正直)한 이론은 신하의 이익이 아니라, 국가의 복(福)이다.　☞ 이언적(李彦迪) 〈회재집(晦齋集)〉

도끼를 맞이하고서도 바르게 간(諫)하고, 가마에 삶기기 직전이라도 할 말을 다하면, 이가 바로 충신(忠臣)인 것이다.
☞ 〈명심보감(明心寶鑑)〉

올바른 말을 누가 좇지 않으랴. 그러나 그 말대로 행동을 고치는 것이 무엇보다 중요하다.
부드러운 말을 누가 기뻐하지 않으랴. 그러나 그 뜻을 생각해 보는 것이 무엇보다 중요하다.　☞ 공자(孔子) 〈논어(論語)〉

부모의 동기가 변을 당하거든 마땅히 종용할 것이요, 격렬하지 마라. 친구의 과실을 보거든 마땅히 충고할 것이요, 주저하지 마라.　☞ 홍자성(洪自誠) 〈채근담(菜根譚)〉

친구를 사귐에 있어 방법이 있으니, 장차 그를 칭찬하고자 할 때는 먼저 잘못을 책망할 것이요, 기쁨을 보여주려면 먼저 성냄으로써 밝혀 보여야 한다. 또한 남이 나를 믿게 하려면 먼저 의심나는 일을 베풀고 기다려봐야 한다.
☞ 박지원(朴趾源) 〈연암별집(燕巖別集)〉

중용(中庸)의 덕(德)을 갖춘 사람을 사귈 수 없을 때는 적어도 열성 있는 사람이나 결벽 있는 사람과 사귀라. 열성 있는 사람은 진취적이고, 결벽 있는 사람은 마구 타협하기 때문이다. ☞ 공자(孔子) 〈논어(論語)〉

하등(下等)한 사람의 말을 듣고 하등한 일을 함은 마치 어두운 방 가운데 앉아 있는 것 같다. 사면(四面)이 담벼락이니, 이를 열어 밝히려 해도 불가능할 것이다. ☞ 〈소학(小學)〉

군자(君子)의 사귐은 담담하기가 물 같고, 소인(小人)의 사귐은 달콤하기가 감주 같다. 군자는 담담하기 때문에 더욱 친해지고, 소인은 달콤하기 때문에 절교(絶交) 된다. ☞ 이언적(李彦迪) 〈회재집(晦齋集)〉

얼굴 아는 이야 천하에 가득하지만, 마음 아는 이는 과연 몇 사람이나 될까? ☞ 〈명심보감(明心寶鑑)〉

대체로 아주 친하면서도 오히려 소원한 듯하면 더할 수 없는 친함이 되고, 아주 믿는 사이이면서도 오히려 의심스러운 듯하면 더할 수 없는 믿음이 된다. ☞ 박지원(朴趾源) 〈연암별집(燕巖別集)〉

함께 놀면서도 사랑받지 못하는 것은 반드시 내가 어질지 않기 때문이며, 사귀면서도 존경받지 못하는 것은 반드시 내가 뛰어나지 못하기 때문이다. 재물을 놓고 신용 받지 못하는 것은 반드시 나의 신용이 없기 때문이다.

이 세 가지를 자신이 지니고 있다면, 어찌 남을 원망할 것인가? 잘못이 자기에게 있는데도 그것을 남에게 미룬다면, 이 또한 어찌 어리석다 하지 않겠는가.　　　☞ 회자(曾子)

학문을 좋아하는 사람과 함께 가면 마치 안개 속을 가는 것 같아서, 옷이 비록 젖지는 않더라도 때때로 물기의 배어 듦이 있다.

무식한 사람과 함께 가면 마치 뒷간에 앉은 것 같아서, 옷이 비록 더럽혀지지 않더라도 때때로 그 냄새가 맡아진다.　　　☞ 공자(孔子)

집안에서 기뻐하지 않거든 남과 사귀지 말고, 가까이 있는 사람과 친해지지 않거든 멀리서 구하지 말며, 작은 일을 살필 수 없으면 큰일을 말하지 마라.　　　☞ 증자(曾子)

옷은 새것이 좋으나, 사람은 오래 사귄 사람이 좋다.

　　　☞ 안자(晏子)

착한 사람과 함께 지내면 마치 지란(芝蘭)의 방에 든 듯하여, 오래되면 그 향기를 맡지 못할지라도 곧 그와 더불어 감화(感化)될 것이요, 착하지 못한 사람과 함께 지내면 마치 생선 가게에 든 듯하여 오래되면 그 냄새를 맡지 못할지라도 역시 그와 더불어 감염(感染)될 것이다.

☞ 공자(孔子)〈명심보감(明心寶鑑)〉

만일 자기보다 못한 사람을 벗으로 사귀면, 이로움이 없을 뿐 아니라 도리어 해가 된다. 그러므로 옛 사람들은 간혹 천고(千古) 이전의 옛 사람 가운데서 벗을 골라 사귀었다.

☞ 이언적(李彦廸)〈회재집(晦齋集)〉

제자의 가르침은 규중처녀를 기르는 것과 같다. 출입을 엄하게 하고 교우(交友)를 삼가게 하여야 하나니, 만일 한 번 나쁜 사람과 가까이 접하게 되면 이는 곧 청정(淸淨)한 논밭에 부정(不淨)한 종자를 뿌리는 격이어서, 종신토록 좋은 곡식 심기가 어렵게 된다. ☞ 홍자성(洪自誠)〈채근담(菜根譚)〉

성실과 신의를 존중하되, 자기만 못한 사람과 사귀지 마라. 그리고 잘못이 있으면 거리낌 없이 고쳐야 한다.

☞ 공자(孔子)〈논어(論語)〉

인생에 있어서 건강이 목적이 될 수는 없다. 그러나 건강은
으뜸가는 조건이 되는 것이다.

☞ 무자소로실독(武者小路實篤) 〈인생론(人生論)〉

젊은이들은 모름지기 집에서는 부모께 효도하고, 밖에서는
어른께 공손해야 한다. 이를 위해 말을 삼가고 신의를 지키
며, 널리 사랑으로 사귄 여러 사람과 가까이해야 한다. 이
일들을 실천하고서도 여력(餘力)이 있거든 글을 배우도록
한다.

☞ 공자(孔子) 〈논어(論語)〉

양생(養生)하는 사람이 화려한 옷을 입지 않음은 무슨 까닭인
가. 조금이라도 돌아보고 생각하는 마음이 있으니 이것이
첫째 손해요, 더러운 것을 피하려는 마음이 있으니 이것이
둘째 손해요, 마음대로 동작할 수 없으니 이것이 셋째 손해다.
그러나 이뿐 아니다. 의복은 외물(外物)이요, 몸을 받드는
작은 물건 가운데 하나이다. 그것을 화려하게 하고자 한다면,
이로써 그 마음 쓰는 곳이 대인(大人)이나 군자(君子)가 아님을
알게 된다.
그러므로 조그만 지식이라도 있는 사람이라면, 사람의 의복을
보고 그 인격의 높고 낮음을 결정한다.

☞ 송익필(宋翼弼) 〈구봉집(龜峯集)〉

보통 사람들의 정(情)은 자기만 못한 사람들과 사귀기를 좋아하고, 자기보다 나은 사람과 사귀기를 싫어한다.

☞ 이황(李滉) 〈퇴계집(退溪集)〉

나이가 자기의 배가 되면 아버지처럼 섬기고, 열 살이 위이면 형님처럼 섬기며, 다섯 살이 위면 친구로 사귀어도 된다.

☞ 〈예기곡례(禮記曲禮)〉

나이 많음을, 지위가 높음을, 형제의 세력을 개의치 말고 벗을 사귀라.

벗이란 상대방의 덕(德)을 가려 사귀는 것이니, 여기에 무엇을 게재시켜서는 안 되느니라.

☞ 맹자(孟子)

의리 없는 친구는 피하고, 어리석은 사람과는 사귀지 마라.

현명한 벗을 사귀고, 나보다 훌륭한 사람을 따르라.

☞ 〈법구경(法句經)〉

민머리가 되어야 가발(假髮)을 쓰며, 병(病)이 나야 의사를 부른다. 효자가 약을 달여 그 부모에게 드릴 때 낯빛이 초췌해진다. 사람들은 이를 효자라 칭찬하지만, 성인(聖人)은 이를 부끄러이 여긴다.

☞ 장자(莊子)

대저 의복의 미(美)를 뽐냄은 장부(丈夫)가 하는 것이다. 제왕(帝王)이라면 비록 미(美)를 자랑하더라도 그것이 의복에 관한 것은 아니다.

선(善)한 말을 한 번 하고, 선한 행동을 한 번 하면 온 나라가 그 아름다움을 찬미할 터인데, 어찌하여 이 하기 쉬운 말과 행동은 버려두고, 거리의 부랑아들도 부러워하지 말아야 할 의복의 미(美)를 뽐내려 드는가.

☞ 송익필(宋翼弼) 〈구봉집(龜峯集)〉

학문과 일

괴로움과 즐거움을 섞어 맛보아, 고락(苦樂)이 서로 연마되
어 복(福)을 이룬 이는 그 복이 오래간다.
또한 의심과 믿음이 서로 참조(參照)된 다음에 지식(知識)을
이룬 이는 그 지식이 참된 법이다.

☞ 홍자성(洪自誠) 〈채근담(菜根譚)〉

소 발자국에 고인 물에서 헤엄치는 장구벌레는 천하에 넓은
사해(四海)가 있다는 것을 꿈에도 생각하지 못할 것이다. 과
실의 씨 속을 기고 있는 바늘 끝 같은 벌레는 이것이 세계의
전부라고 생각할 것이다.
그들에게 망망한 바다를 설명해 주고 우주가 얼마나 넓다는
것을 가르쳐 주어도, 거짓말이라고 하면서 믿지 않을 것이
다.

☞ 포박자(抱朴子)

황금이 상자에 가득 차 있다 해도 자손에게 경전(經典) 하나를 가르침만 못하고, 천금(千金)을 물려준다 해도 한 가지 재주를 가르침만 못하다.   ☞〈한서(漢書)〉〈명심보감(明心寶鑑)〉

밭이 있어도 갈지 않으면 창고는 비고, 책이 있어도 가르치지 않으면 자손은 어리석어진다.

☞ 백낙천(白樂天)〈고문진보(古文眞寶)〉

속담에 '귀엽게 기른 자식이 어미를 꾸짖는다'라는 말이 있다. 대저 집안의 자식(子息)은 어릴 때부터 미리 가르치지 않으면 자라서 반드시 방자해지고, 방자함이 지나치면 부모를 꾸짖으려 들기까지 한다.
그러나 자식이 이렇게 된 것은 부모의 잘못으로, 자식으로 하여금 자식 노릇조차 제대로 못하게 한 것이다.

☞ 이황(李滉)〈퇴계집(退溪集)〉

어린이의 배움은 쓰고 외우는 데 그치지 말고, 그 타고난 지혜와 재능을 길러야 한다.   ☞ 양문공(楊文公)〈소학(小學)〉

자신에 대해서는 깊이 책망하고, 남에 대해서는 가볍게 책망하면 원망을 멀리할 수 있다.   ☞ 공자(孔子)〈논어(論語)〉

만일 한 가지 말이나 한 가지 일이 잘못되었다고 하여 그를 지탄한다면, 누가 자기 몸을 아끼지 않으면서 일을 하겠는가. 이렇게 되면 그 뒤의 폐단(弊端)은 이루 말할 수 없이 커지게 될 것이다.　　　☞ 권발(權撥)〈중재집(仲齋集)〉

남을 책망하기는 쉽지만 스스로를 책망하기는 어려운 법인데, 암행어사(暗行御史)란 다름 아닌 남을 책망하는 사람이다. 오직 스스로를 책망하기에 어렵지 않은 사람이라야 남을 책망하여 능히 그 임무를 완수할 수 있다.

☞ 정도전(鄭道傳)〈삼봉집(三峰集)〉

사람이 고금(古今)의 진리를 알지 못하면, 말과 소에 옷을 입혀둔 것과 같다.　　☞ 한유(韓愈)〈명심보감(明心寶鑑)〉

사람으로서 지켜야 할 도(道)가 있나니, 배불리 먹고 따뜻하게 입고 편안히 산다고 할지라도 교육(敎育)이 없으면 새나 짐승에 가까우니라.　　　　　　　☞ 맹자(孟子)

황금 천 냥이 소중할 것이 없을 뿐 아니라, 그보다는 사람에게서 좋은 말 한 마디 들음이 천금(千金)보다 낫다.

☞ 명심보감(明心寶鑑)〉

오늘 배우지 않았으면 내일이 있다 말하지 말고, 올해 배우지 않았으면 내년이 있다고 이르지 마라.

☞ 주자(朱子) 〈고진보(故眞寶)〉

사람이 아는 바는 모르는 것보다 아주 적으며, 사는 시간은 살지 않는 시간에 비교가 되지 않을 만큼 아주 짧다. 이 지극히 작은 존재가 지극히 큰 범위의 것을 다 알려고 하기 때문에, 혼란에 빠져 도(道)를 깨닫지 못한다.

☞ 장자(莊子)

사람이 비록 배움에만 힘쓸 수 없다 할지라도, 마음은 배움의 뜻을 잊지 말아야 한다. 만약 마음이 배움의 뜻을 잊으면 종신토록 학문을 한다 할지라도 이는 단지 속(俗)된 일일 뿐이다.

☞ 주자(朱子) 〈근사록(近思錄)〉

학문하는 길에는 방법이 따로 없다. 모르는 것이 있으면 길을 가는 사람이라도 붙잡고 묻는 것이 옳다. 비록 하인이라도 나보다 글자 하나라도 많이 알고 있으면 그에게 배워야 한다. 자신이 모르는 것을 부끄러워하여 자기보다 나은 사람에게 묻지 않는다면, 이는 죽을 때까지 편협과 무식 속에 자신을 가두어 두는 것이 된다.

☞ 박지원(朴趾源)

공부가 다 이루어지면 움직임과 고요함에 간격이 없고, 자고 깸이 한결같아서 부딪쳐도 흩어지지 않고, 방탕해도 잃음이 없다.　　　☞ 나옹(懶翁) 〈보제존자어록(普濟尊者語錄)〉

사람이 배우지 않는 것은 재주 없이 하늘에 오르려는 것과 같고, 배워서 널리 알게 되는 것은 구름을 헤치고 푸른 하늘을 보는 것과 같으며, 높은 산에 올라 사방의 바다를 바라보는 것과 같다.　　　☞ 장자(莊子)

사람이 만약 착실히 공부하기만 한다면, 남들이 공격하든지 말든지 남들에게 속든지 말든지 언제나 모두가 유익한 일이 될 것이며, 모든 것이 덕(德)으로 발전하는 바탕이 될 것이다. 그러나 만약 공부를 하지 않는다면, 그것이 모두 마귀가 되어 마침내는 그것들에게 압도당하고 말 것이다.

☞ 왕양명(王陽明)

군자가 가난하여 물질로써는 사람을 구할 수 없을지라도, 어리석게 방황하는 사람을 만나 일언(一言)으로써 끌어올려 깨어나게 하고, 위급하고 곤란한 사람을 만나 일언으로써 풀어 구해 준다면 이 또한 무량(無量)의 공덕이다.

☞ 홍자성(洪自誠) 〈채근담(菜根譚)〉

안으로 훌륭한 부형(父兄)이 없으며, 밖으로 엄한 사우(師友)가 없는데 능히 성수(成遂)한 사람은 드물다.

☞ 여희철(呂希哲) 〈명심보감(明心寶鑑)〉

나보다 먼저 태어나 도(道)를 듣기를 나보다 먼저 했다면 나는 이를 스승으로 따르고, 나보다 뒤에 태어났더라도 도(道)를 듣기를 나보다 먼저 했다면 또한 이를 스승으로 따른다.

☞ 한유(韓愈) 〈고문진보(古文眞寶)〉

세상 사람들은 스승을 가려 사랑하는 아들을 가르치게 하면서도, 자신이 스승 모심은 부끄러이 생각한다. 그러나 이는 어리석은 짓이다.

☞ 한유(韓愈) 〈고문진보(古文眞寶)〉

인재(人才)는 국가에 이로운 그릇이요, 학교는 그 인재의 그릇을 만드는 도가니다.

☞ 양성지(梁誠之) 〈눌재집(訥齋集)〉

진실로 능히 의(義)와 이(利)를 분별하고 공(公)과 사(私)를 망설임 없이 구분할 줄 안다면, 몸이 닦이고 마음이 맑아 시비(是非)의 판단이나 좋아하고 싫어함이 두루 올바를 것이다. 그리하여 일을 처리함에 있어 부당함이 없을 것이다.

☞ 조광조(趙光祖) 〈정암집(靜庵集)〉

학교는 교화(敎化)의 근본이다. 이로써 인륜도덕(人倫道德)을 밝히고, 이로써 인재(人才)를 양성한다.

☞ 정도전(鄭道傳) 〈삼봉집(三峰集)〉

백성을 배불리 살게 한 뒤에야 교화(敎化)할 수 있으며, 교화하는 방법으로는 학교(學校)가 제일이다.

☞ 이이(李珥) 〈율곡집(栗谷集)〉

교육 또는 교양의 목적은 지식 가운데서 견식을 키우는 것이고, 행실 가운데서 훌륭한 덕(德)을 쌓는 데 있다.
교양 있는 사람이나 또는 이상적으로 교육을 받은 사람이란, 반드시 독서를 많이 한 사람이나 박식(博識)한 사람을 가리키는 것이 아니다. 사물을 옳게 받아들여서 사랑하고, 올바로 혐오(嫌惡)하는 사람을 뜻한다.

☞ 임어당(林語堂) 〈생활(生活)의 발견(發見)〉

현명한 사람이 있는 곳에는, 호랑이와 표범이 산에 있는 형세와 같다. 공도(公道)가 실현되는 곳에는 마치 해와 달이 중천에서 밝게 비춤과 같아서, 여우와 살쾡이는 넋을 잃고 도망쳐 숨는다. 또한 어두운 그늘은 밝은 빛을 바라보며 흩어져 없어진다.

☞ 이언적(李彦迪) 〈회재집(晦齋集)〉

내가 앎이 있는 사람인가? 아니다, 앎이 없는 사람이다. 그러나 대단치 않은 사람이라도 나를 찾아와 물었을 때, 그 태도가 성실하기만 하다면 나는 최선을 다해 그에게 대답해 준다. ☞ 공자(孔子)〈논어(論語)〉

학자는 먹은 것을 입으로 토하여 새끼를 기르는 큰 까마귀와 같은 자이고, 사상가는 뽕잎을 먹고 명주실을 토해 내는 누에와 같은 자이다. ☞ 임어당(林語堂)〈생활(生活)의 발견(發見)〉

근본이 견고하지 못한 자는 종말에는 반드시 위태로워질 것이다. 용감하면서도 몸을 닦지 않는 자는 그 뒤에는 반드시 태만해질 것이다. 근원이 흐리면 그 흐름이 맑지 않다. ☞ 묵자(墨子)

군자(君子)는 전쟁을 함에 있어서 포진법(布陣法)이 있다고는 하지만, 용기를 가장 근본으로 삼는다. 상(喪)을 치름에는 예(禮)가 있다고는 하지만, 슬픔을 가장 근본으로 삼는다. 선비에게는 학문이 있다고는 하지만, 실천을 가장 근본으로 삼는다.
그러므로 근본이 안정되게 놓이지 않은 자는 말단적(末端的)인 결과를 풍성히 하려 들어서는 안 된다. ☞ 묵자(墨子)

근본을 찾지 않고 그 상(相)에 집착하여 바깥만을 구한다면,
지혜 있는 사람들의 비웃음을 받을 것이다.

☞ 지눌(知訥)〈진각국사어록(眞覺國師語錄)〉

틀리는 견지에서 볼 때는, 간(肝)과 쓸개도 북쪽의 호(胡)나라
나 남쪽의 월(越)나라같이 멀리 떨어져 있는 것으로 생각되지
만, 같은 견지에서 볼 때는 만물이 한 둘레 속에 있는 법이다.

☞ 회남자(淮南子)

자기의 의견을 버리고 다른 사람의 의견을 따를 줄 모르는
것은 학자의 큰 병이다.   ☞ 이황(李滉)〈퇴계집(退溪集)〉

만리(萬里) 창해(滄海)로도 왜적을 능히 막지 못하였거늘, 한
줄기 띠[帶]와 같은 강물을 왜적이 건너지 못하리라 하니,
이는 사리(事理)에 어두운 탓이다.   ☞ 유성룡(柳成龍)

자기의 마음이 밝은 뒤에야 군자(君子)와 소인(小人)을 능히
구별할 수 있다.   ☞ 조광조(趙光祖)〈정암집(靜庵集)〉

학문(學問)이 크게 이로운 바는 스스로 기질(氣質)의 변화를
구함에 있다.   ☞ 주자(朱子)〈근사록(近思錄)〉

나아갈 때 문득 물러섬을 생각하면 울타리에 걸리는 재앙을 면할 것이요, 손 붙일 때 문득 손 뗄 일을 도모하면 호랑이를 타는 위태로움도 벗어날 것이다.

☞ 홍자성(洪自誠)〈채근담(菜根譚)〉

시고 달고 짜고 싱거운 맛을 자기의 입으로 판단하지 않고 주방장에게 결정을 내리게 하면, 곧 요리사는 임금을 가벼이 여기고 주방장을 중히 여길 것이다.
임금이 친히 보고 듣지 아니하고 신하들에게 판단을 내리게 하면, 신하들은 나라에 붙어먹고 사는 자로 전락하기 십상이다.

☞ 한비자(韓非子)

대개 학문(學問)이란 정밀하면서 무르익기만 하고, 정밀하지 못해도 도(道)를 깨치지 못한다.

☞ 조식(曺植)〈남명집(南溟集)〉

시경(詩經) 삼백(三百) 편(篇)을 막힘없이 암송하고 있다 할지라도, 정치를 맡김에 있어 자신의 임무를 다하지 못하고 외국에 사신(使臣)으로 파견해도 담판을 짓지 못한다면, 아무리 많이 외운들 무슨 소용이 있겠는가.

☞ 공자(孔子)〈논어(論語)〉

학문(學問)을 아는 자는 이를 좋아하는 사람만 못하고, 학문을 좋아하는 자는 즐기는 사람만 못하다.

☞ 공자(孔子) 〈논어(論語)〉

학문의 방법에는 끝이 있지만, 그 뜻으로 말하면 잠시라도 버려둘 수가 없다. 학문을 하면 사람이고, 그것을 버리면 금수(禽獸)인 것이다.

☞ 순자(荀子)

학문은 반드시 안정(安靜)해야 하고, 재능은 반드시 배워야 한다. 배우지 않으면 재능을 넓히지 못하고, 안정하지 않으면 학문을 이룰 수 없다.

☞ 〈소학(小學)〉

학문에는 옳고 그름이 있고, 선비에는 진짜와 가짜가 있다. 귀로 들어가 입으로 나올 뿐 실천과 관계없다면 학문이 아니요, 말과 행동이 어긋나고 시속에 따르기에 힘쓴다면 선비가 아니다.

☞ 노수신(盧守愼)

소위 참다운 선비는 나아가서는 한 시대에 도(道)를 행하여 백성들로 하여금 태평성대를 누리게 하고, 물러나서는 만세(萬世)에 가르침을 전하여 학자들로 하여금 큰 꿈을 깨어나게 한다.

☞ 이이(李珥) 〈율곡집(栗谷集)〉

싹이 튼 채 이삭이 나오지 않는 것도 있고, 이삭이 나온 채 결실되지 않는 것도 있다.　　☞ 공자(孔子) 〈논어(論語)〉

백 번 쏘아 한 번이라도 실패하면 최고의 사수(射手)라 할 수 없고, 천리 길에 반 발자국이라도 이르지 못한다면 최고의 마부라 할 수 없듯이, 인류의 윤리에 통하지 못하고 어짊과 의로움에 한결같지 못하다면 잘 배웠다고 할 수 없다. 학문이란 것은 본시 배운 것이 한결같아야 되는 것이다. 한 번은 잘했다 한 번은 잘못했다 하는 것은 거리의 보통 사람들이다.　　☞ 순자(荀子)

푸른 물감은 쪽풀에서 취한 것이지만 쪽보다 더 푸르고, 얼음은 물에서 이루어진 것이지만 물보다 더 차다.
　　☞ 순자(荀子)

말에는 언제나 거짓이 없고 행동은 언제나 과단성이 있다면, 딱딱한 소인(小人)일지라도 가히 선비라 할 수 있다.
　　☞ 공자(孔子) 〈논어(論語)〉

사려(思慮)를 많이 하는 폐해는 고금을 통해 학자들에게 있는 공통된 폐단이다.　　☞ 이황(李滉) 〈퇴계집(退溪集)〉

선비의 뜻은 넓고 굳세야 하나니, 그 임무는 무겁고 그 길은 멀다. 어짊을 자신의 임무로 삼는데 어찌 무겁지 아니하며, 그 임무는 죽은 뒤에야 끝이 나니 어찌 멀지 않으랴.

☞ 증자(曾子)〈논어(論語)〉

성인(聖人)은 하늘을 바라고, 현인(賢人)은 성인을 바라며, 선비는 현인을 바란다. ☞ 주돈신(周敦頤)

봄에 이르러 바람이 화창하면 꽃은 한결 고운 빛을 땅에 펴나니, 새가 또한 몇 마디 고운 목청을 굴린다.
선비가 다행히 세상에 두각을 나타내 등이 따습고 배불러도, 좋은 말과 좋은 일 행하기를 생각하지 않으면 이 세상에서 백 년을 산다 해도 하루를 살지 못함과 같다.

☞ 홍자성(洪自誠)〈채근담(菜根譚)〉

고금의 학자들이 곤궁하면서도 마음 편히 있기가 몹시 어려운 것은, 사서(四書)를 깊이 읽어 깨치지 못한 까닭이다.

☞ 조식(曹植)〈남명집(南溟集)〉

선비는 마땅히 세상 근심을 먼저 챙기고, 세상 즐거움을 뒤에 즐긴다. ☞ 범질(范質)〈소학(小學)〉

학자가 선뜻 나서서 벼슬하지 아니함은 그 시대가 좋지 않아서도 아니요, 숨어 사는 것이 좋아서도 아니다.

부족한 학술로써 먼저 공(功)을 세우려고 하면, 목수(木手)를 대신하여 서투른 자귀질을 하다가 손을 다칠까 염려해서이다. 그리하여 빛남을 숨기어 스스로 지키고, 재기(才氣)를 감추어 쓰이기를 기다림은, 마치 자벌레가 몸을 굽혔다가 펴려 함과 같다.　　　☞ 이이(李珥) 〈율곡집(栗谷集)〉

사람이 비록 학문에 뜻을 두었다고 해도 용맹스럽게 앞으로 나아가서 무엇인가를 이루지 못하면, 옛날의 습관이 그 뜻을 막아 흐려 버리고 만다.　☞ 이이(李珥) 〈격몽요결(擊蒙要訣)〉

자기 행동에 대해 염치를 알고, 외국에 사신으로 가서 임금의 명령을 욕되게 하지 않는다면 가히 선비라 할 수 있다.
　　　☞ 공자(孔子) 〈논어(論語)〉

옛날의 소위 은사(隱士)들은 굳이 자신의 몸을 숨겨 나타내지 않은 것이 아니고, 굳이 자신의 입을 다물어 말하지 않은 것이 아니며, 굳이 자신의 지혜를 숨기어 나타내지 않은 것이 아니다. 다만 시운(時運)이 맞지 않았기 때문이다.
　　　☞ 장자(莊子)

자기를 돌이켜 생각하지 않고 오로지 견문과 지식만을 쌓으려 함은, 귀로 들어 입으로 말하는 학문일 뿐 몸을 닦는 길은 아니다. ☞ 조식(曺植)〈남명집(南溟集)〉

현자(賢者)는 어지러운 세상을 피하고, 그 다음 가는 사람은 어지러운 땅을 피하며, 그 다음 가는 사람은 임금의 낯빛을 보고 피하고, 그리고 그 다음 가는 사람은 임금의 말을 듣고 피한다. ☞ 공자(孔子)〈논어(論語)〉

큰 지혜가 있는 사람은 원근(遠近)을 아울러 보기 때문에 작은 것을 적다 않고, 큰 것을 많게 여기지 않는다. 그는 분량(分量)이 무궁(無窮)함을 알고 있기 때문이다.
☞ 장자(莊子)

지인(至人)이 무엇을 생각하고 또 무엇을 근심하리오. 어리석은 사람은 처음부터 모를 뿐 알려고 하지도 않는 사람이라, 지인(至人)과 우인(愚人)이라야 가히 더불어 학문을 논할 것이며, 또한 더불어 공업(功業)을 세울 수 있다.
다만 이 중간치 재자(才子)란 것은 사려(思慮)와 지식(知識)이 많으므로 억측과 시의(猜疑) 또한 많아, 함께 일하기가 어렵다. ☞ 홍자성(洪自誠)〈채근담(菜根譚)〉

현인(賢人)을 상해한 자는 그 재앙이 자손 삼대(三代)에까지 미치고, 현인을 은폐한 자는 그 몸이 해를 입는다.

현인을 질투한 자는 그 명예를 보전하지 못하고, 현인을 천거한 자는 예록(禮祿)이 그 자손에까지 미친다.

그러므로 군자는 현인을 천거하는 데 열중하여 자신의 아름다운 이름을 나타낸다.　　　☞ 〈삼략(三略)〉

친근감이 있으면 오래갈 수 있고, 공적이 있으면 커질 수 있다.

오래갈 수 있는 것은 현인(賢人)의 덕(德)이 있기 때문이요, 커질 수 있는 것은 현인의 업적이 있기 때문이다.

☞ 〈역경(易經)〉

지혜 있는 사람은 형체(形體)가 나타나기에 앞서 이를 본다. 어리석은 자는 일이 없을 것이라 하여 태연히 근심하지 않다가 환난을 당한 뒤에야 조바심하고, 애써 이를 구하고자 하나 존망과 성패에 도움이 되지 않는다.

☞ 이인로(李仁老) 〈파한집(破閑集)〉

바보는 언제나 자기 이외의 사람을 바보라고 믿고 있다.

☞ 개천용문개(芥川龍文介) 〈하동(河童)〉

덕행(德行)을 이룬 현인(賢人)은 높은 산의 눈처럼 멀리서도 빛나지만, 악덕(惡德)을 일삼는 어리석은 자는 밤에 쏜 화살처럼 가까이에서도 보이지 않는다. ☞〈법구경(法句經)〉

그 마음이 총명한 사람을 향해 옛적의 좋은 말씀을 일러주면 기뻐하여 덕(德)을 좇아 행하건만, 어쩔 수 없는 미련한 무리들은 나에게 도리어 거짓말한다 하는구나. 사람의 마음 다름이 이와 같도다. ☞〈시경(詩經)〉

아무리 어리석은 자라도 스스로 어리석은 줄 아는 이는 적어도 그만큼은 현명하다. 어리석은 자신을 현명하다고 생각하는 자야말로 가장 어리석은 자라 하겠다. ☞〈법구경(法句經)〉

어리석은 자는 현명한 사람과 평생이 다하도록 지내도 진리를 깨닫지 못한다. 마치 숟가락이 국 맛을 모르는 것처럼……. ☞〈법구경(法句經)〉

어리석은 사람은 당장 눈을 즐겁게 해주거나 마음을 기쁘게 해주는 것을 크게 이득을 본 것이라 여긴다.
그러나 도(道)를 터득한 사람은 그런 것을 물리친다.
☞ 회남자(淮南子)

인간의 불안(不安)은 과학의 발전에서 온다. 앞으로 나아가
멈출 줄을 모르는 과학은, 일찍이 우리에게 멈추는 것을 허
용해 준 일이 없다.　　　　　　　　☞ 하목수석(夏目漱石)

어떠한 문명도 그 최후의 가치는 그 문명이 어떤 남편을,
아내를 아버지를, 어머니를 만들어 내느냐에 있다. 이 극히
간단한 것을 생각하지 않고서는 모든 문명이 이룩한 공적,
즉 예술·철학·문학·물질적 생활은 아무런 의미도 없는
것이다.　　　　☞ 임어당(林語堂) 〈생활(生活)의 발견(發見)〉

어부가 못으로 달려가고 나무꾼이 산으로 달려가는 것은
저마다 다급하게 얻고자 하는 바가 있기 때문이다.
그러나 아침 장에는 달려가되 저녁에 파하면 걸음이 느려지
는 까닭은 얻고자 하는 바가 없어졌기 때문이다.
　　　　　　　　　　　　　　　　☞ 회남자(淮南子)

세상의 모든 일은 발전이 없으면 반드시 퇴보한다.
　　　　　　　　　☞ 조광조(趙光祖) 〈정암집(靜庵集)〉

진실로 하루가 새로웠다면 날마다 새롭게 하고, 또 날로 새
롭게 하라.　　　　　☞ 공자(孔子) 〈대학(大學)〉

미국(美國)에서 자본이 발달한 경로를 살펴보면, 첫째는 철도이며, 둘째는 공업이며, 셋째는 광산이었다.

☞ 손문(孫文) 〈삼민주의(三民主義)〉

일을 할 때는 반드시 계획을 짜야 하고, 말을 할 때는 반드시 실천할 수 있는 것인지 생각해야 한다.   ☞ 〈소학(小學)〉

어려서 배우지 않으면 늙어서 아는 것이 없고, 봄에 밭을 갈지 않으면 가을에 바랄 것이 없다. ☞ 〈명심보감(明心寶鑑)〉

한 아름이나 되는 큰 나무도 털끝 같은 작은 싹에서 시작되고, 구층이나 되는 높은 누대(樓臺)라도 쌓아놓은 한 줌의 흙으로 시작된다.   ☞ 노자(老子)

선한 것을 보거든 미치지[及] 못하는 것과 같이 하고, 선하지 못한 것을 보거든 끓는 물을 만지는 것과 같이 하라.

☞ 공자(孔子) 〈논어(論語)〉

소나무나 잣나무는 눈과 서리를 견뎌 내고, 현명하고 지혜로운 사람은 위태로운 난관을 건널 수 있다.

☞ 〈명심보감(明心寶鑑)〉

군자는 작은 지식을 알지 못해도 큰일을 줄 수 있고, 소인은
큰일을 줄 수 없으나 작은 지식에는 밝을 수 있다.

☞ 공자(孔子) 〈논어(論語)〉

개인과 사회

사람들이 알아주지 않을 것을 근심 말고, 자기의 능력이 모
자람을 걱정하라.　　　　　　　　☞ 공자(孔子)〈논어(論語)〉

자신의 덕(德)을 닦는 법을 알면 남 다스리는 법을 알게 되고,
남 다스리는 법을 알게 되면 천하와 국가와 가정을 다스리는
법을 알게 되느니라.　　　　　　　☞ 자사(子思)〈중용(中庸)〉

천하고금(天下古今)에 해서는 안 될 것을 억지로 하는 것이
있다. 그것은 일시의 사리사욕(私利私慾)으로, 이것을 하면
쉽게 무너진다.
또 해야 할 자연스러운 것이 있다. 그것은 길이 변함없는
정의(正義)로, 이를 능히 행하지 못함은 사리사욕이 방해하
기 때문이다.　　　　☞ 김시습(金時習)〈매월당집(梅月堂集)〉

사람은 반드시 자신을 위하는 마음이 있어야만 비로소 자기 자신을 이겨낼 수 있고, 자신을 이겨내야만 비로소 자기를 완성할 수 있다. ☞ 왕양명(王陽明)

다른 사람을 헤아리려거든 먼저 스스로를 헤아려 보라. 남을 해치는 말은 도리어 스스로를 해침이니, 피를 머금어 남에게 뿜자면 먼저 제 입이 더러워지는 법이다. ☞ 강태공(姜太公)

스스로를 보지 못하고 남을 보며, 자기 것을 못 가지고 남의 것을 가짐은, 사람의 즐거움을 즐거워할 뿐 자기 즐거움을 즐거워하지 않는 것이다. ☞ 장자(莊子)

제 집 두레박줄이 짧은 것은 탓하지 않고, 남의 집 우물 깊은 것만 탓하는구나. ☞ 〈명심보감(明心寶鑑)〉

제 자신을 바쳐 일하기로 했거든 다신 그 일에 의심을 두지 마라. 의심에 거리끼면 이미 버린 이기(利己)의 마음에 부끄러움이 많아진다.
무엇을 베풀었거든 그 갚음을 재촉하지 마라. 그 갚음을 재촉하면 앞에 베푼 바 그 마음도 아울러 잘못이 된다.
☞ 홍자성(洪自誠) 〈채근담(菜根譚)〉

남을 해치고 저만을 이롭게 하면 마침내 출세하는 자손이 없을 것이요, 뭇사람을 해쳐서 성가(成家)한다면 어찌 그 부귀가 장구하겠는가.

☞ 진종(眞宗)

누구를 섬김이 가장 중요한가? 부모를 섬김이 가장 중요하다. 누구를 지킴이 가장 중요한가? 자신을 지킴이 가장 중요하다.
자신을 잃지 않고 부모를 섬겼다는 말은 들었어도, 자신을 망치고서 부모를 잘 섬겼다는 말은 아직 듣지 못했노라.

☞ 맹자(孟子)

봄비가 기름 같지만 길 가는 사람은 그 질척함을 싫어하고, 가을 달이 휘영청 밝지만 도둑질하는 자는 그 환히 비춤을 싫어한다.

☞ 허경종(許敬宗)

일을 한다는 것은 마치 우물을 파는 것과 같다. 비록 아홉 길을 팠다 할지라도 샘물이 나오는 데까지 미치지 못한다면, 우물을 포기함과 같으니라.

☞ 맹자(孟子)

강물을 보고 고기를 탐내지 말고, 집에 돌아가 그물을 엮어라.

☞ 회남자(淮南子)

뜻이 집착(執着)된 곳이 있으면 길을 걷다가 발이 그루터기나 구덩이에 걸려 넘어지고, 머리가 서 있는 나무를 들이받더라도 자신은 알지 못하는 법이다.　　　☞ 열자(列子)

배불리 먹고서 종일 마음 쓰는 일이 없다면 곤란한 일이다. 바둑과 장기가 있지 않느냐. 그것이라도 하는 것이 그래도 나으니라.　　　☞ 공자(孔子) 〈논어(論語)〉

귀로 듣는 것은 눈으로 보는 것만 못하고, 눈으로 보는 것은 몸으로 행하는 것만 못하다.　☞ 정황(丁熿) 〈유헌집(遊軒集)〉

알기는 어렵지 않으나, 실천하는 것은 쉽지 않다.
　　　☞ 사마양저(司馬穰苴) 〈사마법(司馬法)〉

언어(言語)는 풍파(風波)와 같고, 행동(行動)은 마음을 떠나기 쉽다. 풍파와 같은 말은 움직이기 쉽고, 마음을 떠난 행동은 몸을 위태롭게 하기 쉽다.　　　☞ 공자(孔子)

성인(聖人)의 말은 당장은 틀리는 것 같으나 결국은 옳게 맞아들고, 일반 사람의 말은 당장은 옳은 것 같으나 종국에 가서는 맞지 않는다.　　　☞ 회남자(淮南子)

한가한 때에 헛되이 세월을 보내지 않으면 다음 날 바쁜 일에 그 덕(德)을 받아 누릴 수 있고, 고요할 때 쓸쓸함에 떨어지지 않으면 활동(活動)할 때 그 덕(德)을 받아 누릴 수 있으며, 어두운 가운데 속이고 숨기는 일이 없으면 밝은 곳에서 그 덕(德)을 받아 누릴 수 있을 것이다.

☞ 홍자성(洪自誠)〈채근담(菜根譚)〉

아름다운 이성(異性)을 보는 것은 즐거운 일이다.
만일 그 얼굴을 보고 싶거든 정면(正面)으로 당당하게 보라. 곁으로 엿보지 마라. 그리고 보고 싶다는 생각을 마음에 담아두지 마라.

☞ 안창호(安昌浩)〈안도산 전서(安島山 全書)〉 '주요한' 편

남이 보는 데서 악(惡)을 행하면 사람들이 벌을 내리고, 남이 모르는 데서 악을 행하면 신명(神明)이 벌을 내린다.
그러므로 사람에 대해서나 신명에 대해서나 부끄러울 것 없는 사람만이 떳떳이 살아갈 수 있는 것이다.

☞ 장자(莊子)

빛깔은 아름다우나 향기 없는 꽃처럼, 말이 아무리 훌륭해도 실천이 없으면 결실도 없는 법이다.　☞〈법구경(法句經)〉

인생은 꿈이 아니고, 연극도 아니다. 다만 하나의 엄중한 사실일 뿐이다.

당신이 곡식의 씨를 뿌리면 누군가가 배를 채울 것이다. 젊은 친구들이여! 그대는 무엇을 심기를 좋아하는가? 그대는 무엇을 심을 수 있는가?　　　　　　　☞ 호적(胡適)

말하고자 하는 바를 먼저 실행하라. 그러고 나서 말하라.
　　　　　　　　　　　　☞ 공자(孔子) 〈논어(論語)〉

과녁을 펼쳐놓으면 화살이 날아오고, 나무숲이 무성하면 도끼가 쓰인다. 나무가 그늘을 이루면 새들이 쉬게 되고, 식초가 시어지면 바구미가 모여든다.

말을 하면 화를 부르는 수가 있고, 행동을 하면 욕됨을 자초(自招)하는 일이 있으므로, 군자는 그러한 입장에 대해 신중한 것이다.　　　　　　　　　　　☞ 순자(荀子)

자기의 말을 부끄러워할 줄 모르면, 그 말을 실행하는 것도 어렵다.　　　　　　　☞ 공자(孔子) 〈논어(論語)〉

군자(君子)는 입이 무겁고, 실천에는 민첩하려 애쓴다.
　　　　　　　　　　　　☞ 공자(孔子) 〈논어(論語)〉

옛날 어진 이들이 말을 경솔하게 꺼내지 않았음은 실행이
말을 따르지 못함을 부끄럽게 생각했기 때문이다.

☞ 공자(孔子) 〈논어(論語)〉

하루 동안에 일어나는 일이 천만(千萬) 가지에 이르는데, 혹
한 가지 일만 실수해도 화란(禍亂)이 생긴다.

☞ 정도전(鄭道傳) 〈삼봉집(三峰集)〉

일에 실패하면 화(禍)를 당하는 인도(人道)의 근심이 생기고,
일에 성공하면 이해(利害)를 따지는 음양(陰陽)의 근심이 생
긴다.
성공하거나 실패하거나 간에 오직 덕(德) 있는 사람만이 후
환(後患)이 없을 수 있다.

☞ 공자(孔子)

뜻을 세워 공부하는 것은 마치 나무를 심는 일과 같다. 뿌리
와 싹이 날 때에는 아직 줄기가 없고, 줄기가 생길 때에는
아직 가지가 없다. 가지가 자란 다음에야 잎이 달리고, 잎이
달린 다음에야 꽃과 열매가 달린다.
오직 북돋아 기르는 노력만을 잊지 않는다면, 어찌 가지와
잎과 꽃과 열매가 자라나지 않을까를 걱정하겠는가.

☞ 왕양명(王陽明)

이 세상에서 말을 타거나 소를 부리거나 할 때는 짐이나 일에 한도가 있으므로 짐의 경중에 따라 행정(行程)이 정해지고, 행로(行路)의 원근(遠近)도 숫자로 나타난다.

짐이 무겁다고 나중에 짐을 던다면 이는 애초에 부담 능력을 모르는 소행이고, 짐이 가볍다고 나중에 다시 더한다면 이것은 애초에 그릇의 크기를 몰랐던 탓이다.　☞ 관자(管子)

모기는 산을 짊어질 수 없고, 작대기는 큰 집을 버틸 수 없다.
☞ 이황(李滉) 〈퇴계집(退溪集)〉

구하려고 애써도 얻지 못한다면 이는 진실로 천명(天命)이니, 내 다시 무슨 말을 하랴.　☞ 이곡(李穀) 〈가형집(稼亭集)〉

입신(立身)함에 의(義)가 있으니 효도가 근본이요, 상제(喪祭)에 예(禮)가 있으니 슬퍼함이 근본이다. 전진(戰陣)에 질서가 있으니 용기가 근본이요, 왕위(王位)에 도(道)가 있으니 계승이 근본이다. 재물을 생산함에도 시기가 있으니 노력이 그 근본이 된다.　☞ 공자(孔子)

조석반(朝夕飯)의 이르고 늦음을 보아, 그 집의 흥하고 쇠함을 점칠 수 있다.　☞ 〈명심보감(明心寶鑑)〉

수레를 뒤집는 사나운 말도 길들이면 능히 부릴 수 있고, 다루기 힘든 금(金)도 잘 다루면 마침내 좋은 기물(器物)을 만들 수 있다. 사람이 하는 일 없이 놀기만 하고 분발함이 없으면, 평생에 아무런 진보도 없으리라.

☞ 홍자성(洪自誠) 〈채근담(菜根譚)〉

개인이나 민족의 생활에는 두 가지의 자세가 있다. 하나는 살려고 하는 개인이나 민족이요, 다른 하나는 살아 있으니까 그냥 살아가는 개인이나 민족이다.

첫째의 살려는 생활태도는 이상(理想)을 위해 계획을 세우고 분투노력하는 것이요, 살아 있으니까 그냥 사는 태도는 부모가 낳아 주었고 숨을 쉬니까 그냥 사는 대로 있다가 죽는다는 것이다.

전자(前者)는 서양인의 인생관이요, 후자(後者)는 동양 ── 그 중에서는 특히 우리 한민족의 생활관이었다.

☞ 최남선(崔南善) 〈진실정신(眞實精神)〉

세상 사람들은 돼지처럼 먹고, 하루 종일 빈둥거린다. 모두가 학문에 힘을 쓰고, 덕(德)의 향상에 노력할 수는 없다. 다만 흐리멍덩하게 빈둥거리며 세월을 보내면서, 눈빛을 반짝거리며 명예와 이익을 찾고 있다. ☞ 포박자(抱朴子)

우리의 큰 원수는 방황과 주저이다. 할까 말까 하여, '말까'에 머무는 것이 방황이요 주저이다.

☞ 안창호(安昌浩) 〈용단력(勇斷力)과 인내력(忍耐力)〉

부지런함에도 의(義)와 이(利)의 구분이 있다.
닭이 울 때부터 부지런하기로는 순(舜)임금이나 도적(盜賊)이나 한 가지이기 때문이다. ☞ 이곡(李穀) 〈가형집(稼亨集)〉

큰 부자는 하늘에 달려 있고, 작은 부자는 부지런함에 달려 있다.

☞ 〈명심보감(明心寶鑑)〉

세상의 일이 부지런하면 다스려지고, 부지런하지 못하면 버려지는 것은 필연의 이치이다.

☞ 정도전(鄭道傳) 〈삼봉집(三峰集)〉

사람은 부지런하면 생각하고, 생각하면 착한 마음이 일어난다. 놀면 음탕하고, 음탕하면 착함을 잊으며, 착함을 잊으면 악한 마음이 생긴다. ☞ 〈소학(小學)〉

게으르게 사는 이의 백 년은, 노력하면서 사는 이의 하루만도 못하다. ☞ 〈법구경(法句經)〉

한갓 임금이 부지런할 줄만 알고 부지런해야 할 바를 알지 못하면, 그 부지런함은 번거롭고 자질구레한 것을 심하게 살피는 데로 흘러서 보잘것없게 된다.

☞ 정도전(鄭道傳) 〈삼봉집(三峰集)〉

고기가 썩으면 구더기가 생기고, 생선이 마르면 좀벌레가 생긴다. 태만함으로써 자신을 잊는다면, 재앙이 곧 닥칠 것이다.

☞ 순자(荀子)

의지하는 데가 있는 자는 의지하는 것 때문에 망한다.

☞ 식전신장(識田信長)

사람이 성(城)을 의지하면, 성이 사람을 버린다.

☞ 식전신장(識田信長)

사람의 타고난 본성은 서로 가까우나, 습관으로 인해 성품이 서로 멀어진다.

☞ 공자(孔子) 〈논어(論語)〉

덕을 좋아하고, 방탕을 피하며, 항상 스스로 마음을 보호하라. 이것이 코끼리가 진창에서 벗어나는 것처럼 괴로움에서 벗어나는 길이다.

☞ 〈법구경(法句經)〉

바탕이 성실한 사람은 항상 편안하고 이익을 얻지만, 바탕이 방탕하고 사나운 자는 언제나 위태롭고 해를 입는다.

☞ 순자(荀子)

방탕한 놀이와 맑고 향기로운 술은 천성을 어지럽히고, 고운 얼굴과 애교 있는 태도와 분 치장한 흰 살갗은 목숨을 치는 도끼다.

☞ 포박자(抱朴子)

세상 사람들의 마음을 돌아보건대, 검소로부터 사치해지기는 쉬워도, 사치로부터 검소해지기는 어렵다.

☞ 장지백(張知白)

보라, 저 왕(王)이 탄 오색찬란한 수레를!
어리석은 자는 그 황홀감에 빠지고, 현명한 이는 외면하여 이를 멀리한다.

☞ 〈법구경(法句經)〉

사람들은 언제나 자기 마음속의 비밀을 이야기하고자 한다. 이야기하고 싶어서 이야기하는 사람이 있는가 하면, 이야기하고 싶지 않은데도 이야기하는 사람이 있다.
유심(有心)과 무심(無心)의 차이는 있으나, 마음속의 비밀은 오래 숨겨둘 수 없는 법이다.

☞ 양계초(梁啓超)

사람의 삶에 사농공상(士農工商)으로 각각 살아가는 길이 있으나, 만일 그 직업에 게으르면 살아가는 복리(福利)가 끊겨서 도둑이 될 뿐이다.　　☞ 양성지(梁誠之)〈눌재집(訥齋集)〉

이웃을 가려 어울리고, 벗을 가려 사귀어라.　　☞ 신종(神宗)

멀리 있는 물은 가까운 불을 끄지 못하고, 멀리 있는 친척은 가까운 이웃만 못하다.　　☞〈명심보감(明心寶鑑)〉

소위 전통이 오랜 나라란, 사직단(社稷壇)에 높이 솟은 나무가 있음을 가리킴이 아니라, 대(代)를 이어온 훌륭한 신하가 있음을 이름이니라.　　☞ 맹자(孟子)

음식을 먹는 자는 그 그릇을 다치지 말고, 열매를 먹는 자는 나뭇가지를 꺾지 말아야 한다.　　☞ 회남자(淮南子)

굶주린 자는 달게 먹고, 목마른 자는 달게 마신다. 이것은 음식의 정당한 맛을 안 것이 아니라, 굶주림과 목마름이 그를 해친 것이다. 그러나 어찌 입이나 배에만 굶주림과 목마름의 해가 있으랴. 사람의 마음에도 그러한 해(害)는 있느니라.　　☞ 맹자(孟子)

길한 일에서는 왼쪽을 귀하게 여기고, 흉한 일에서는 오른쪽을 귀하게 여긴다.

군대에서는 편장군(偏將軍)이 왼쪽에, 상장군(上將軍)이 오른쪽에 있다. 이는 상례(喪禮)를 따라 좌석 정함을 말하는데, 사람을 많이 죽이게 되므로 슬퍼하여 우는 것이 전쟁이기 때문이다. 이런 까닭에 싸움에 이긴다 해도 상례(喪禮)에 따라 좌석이 정해지는 것이다. ☞ 노자(老子)

의식(儀式)은 사치스럽기보다는 검소해야 하고, 장례(葬禮)는 절차보다는 슬퍼하는 마음이 있어야 한다.
☞ 공자(孔子) 〈논어(論語)〉

인(仁)을 베풀고 덕(德)을 폄은 곧 대대의 영광을 가져옴이요, 질투하는 마음을 품고 원한을 보복함은 자손에까지 환난을 끼쳐줌이다. ☞ 진종(眞宗)

작은 나라는 큰 나라 틈바구니에서 싸우지 않고, 두 마리의 사슴은 들소 곁에서 싸우지 않는다. ☞ 회남자(淮南子)

푯대가 바르면 그림자가 곧고, 물의 근원(根源)이 탁하면 흐름이 더럽다. ☞ 이언적(李彦迪) 〈회재집(晦齋集)〉

부드러움과 굳음을 때에 따라 적당히 쓸 때 그 나라는 점차 빛나고, 약함과 강함을 때에 따라 적당히 쓸 때 그 나라는 더욱 이름을 떨친다.

오로지 부드러움과 약함에 치우칠 때 그 나라는 반드시 쇠하여 국토를 깎이고, 오로지 굳음과 강함에 치우칠 때 그 나라는 반드시 멸망한다.　　　　　　　　　☞ 〈삼략(三略)〉

배우가 분 바르고 연지 찍어 곱고 미운 것을 붓 끝으로 흉내낼지라도, 문득 노래가 끝나고 막이 내리면 곱고 미운 것이 어디 있는가.

바둑 두는 이가 앞을 다투고 뒤를 겨루어 세고 약한 것을 겨루지만, 문득 판이 끝나 바둑돌을 쓸어 넣으면 세고 약한 것이 어디 있는가.　　　☞ 홍자성(洪自誠) 〈채근담(菜根譚)〉

아무리 신묘한 약일지라도 원한의 병은 고치지 못하고, 뜻밖에 생기는 재물도 운수 궁한 사람을 부자가 되게 못한다. 일이 생겨나게 하여 일이 생기는 것을 그대는 원망하지 말고, 남을 해치고서 남이 해치는 것을 그대는 분해하지 마라. 천지간 모든 일에는 자연히 다 과보(果報)가 있는 법. 멀게는 자손에게 있고, 가까이는 제 몸에 있으리.

　　　　　　　　　　　　　　☞ 〈명심보감(明心寶鑑)〉

세상에서 물보다 유약(柔弱)한 것은 없으나 굳고 강한 것을 공격하는 데 있어서 이보다 나은 것이 없는 것은, 물의 유약(柔弱)함을 대신할 것이 없는 까닭이다.

부드러움이 강함을 이기고 약한 것이 강한 것을 이긴다는 사실을 모르는 사람이 세상에 없지만, 실행하는 사람이 없을 뿐이다.   ☞ 노자(老子)

은덕(恩德)을 후하게 베푼 자는 선(善)한 보답을 받고, 남에게 원한(怨恨)을 주면 깊은 재화(災禍)를 받는다. 박하게 주고 후하게 받거나, 원한을 남에게 거듭하고도 환난을 당하지 않는 자는 자고로 없었다.   ☞ 회남자(淮南子)

이익(利益)을 내주는 사람은 실익(實益)이 돌아오고, 원망을 내보내는 사람은 피해(被害)가 돌아온다.

여기서 내보냄에 따라 밖에서 호응(呼應)하는 것은, 마치 부르면 대답하는 것과 같다. 그러므로 현명한 사람은 내보내는 것을 삼가서 한다.   ☞ 양주(楊朱)〈열자(列子)〉

내 행위의 과보(果報)는 내 스스로 받는다. 악(惡)을 행하면 몸을 망친다. 금강석(金剛石)이 구슬을 부수듯이……

☞〈법구경(法句經)〉

다섯 가지 가르침의 조목은, 아버지와 자식 사이엔 친애(親愛)가 있어야 하고, 임금과 신하 사이에는 의리(義理)가 있어야 하며, 남편과 아내 사이엔 분별(分別)이 있어야 하고, 나이 많은 이와 적은 이 사이엔 차례가 있어야 하며, 벗과 벗 사이에는 신의(信義)가 있어야 하는 것이다.

☞ 〈성리서(性理書)〉, 〈명심보감(明心寶鑑)〉

도덕(道德)의 창고를 열어 놓으면 아무리 가난해지려고 해도 부자가 되지 않을 수 없고, 도덕의 창고를 닫아 놓으면 아무리 부자가 되려고 해도 가난해지지 않을 수 없다.

☞ 이지함(李之菡) 〈토정집(土亭集)〉

나라에 도의(道義)가 서 있을 때는 당당히 말하고 당당히 행동하지만, 나라에 도의가 문란할 때는 당당히 행동하되 말은 조심해야 한다.

☞ 공자(孔子) 〈논어(論語)〉

덕(德)은 근본이요, 재물(財物)은 말단이다. 그런데 근본과 말단은 그 어느 한쪽을 폐하면 안 된다.
근본으로써 말단을 통제하고, 말단으로써 근본을 통제한 다음에야 인도(人道)가 궁하지 않기 때문이다.

☞ 이지함(李之菡) 〈토정집(土亭集)〉

성인(聖人)은 당한 운명에 역행(逆行)하지 않고, 가버리는 운명에 집착하지 않는다.

만물과 조화하여 이에 순응하는 것이 덕(德)이요, 당한 운명에 순응하는 것이 도(道)이다. ☞ 장자(莊子)

물과 불은 상극이다. 그러나 중간에 냄비를 놓고 반찬을 만들면 맛있는 반찬이 물과 불의 조화로 만들어진다.

골육(骨肉)지간은 더없이 친애(親愛)하기 마련이다. 그러나 참언(讒言)이나 악의(惡意)로써 서로 사이가 멀어지게 되면 부자(父子)지간이라도 서로 위험시하게 된다.

☞ 회남자(淮南子)

발을 잊는 것은 신발이 맞기 때문이요, 허리를 잊는 것은 허리띠가 맞기 때문이며, 지혜가 세속의 시비(是非)를 잊는 것은 마음이 맞기 때문이다. ☞ 장자(莊子)

대저 도리(道理)란 근본과 원칙으로 돌아감이며, 정의(正義)란 마땅히 해야 할 일을 행하여 공(功)을 세움이고, 예의란 해로움을 피하고 이로움을 얻기 위한 것이며, 인(仁)이란 조상의 업적을 보존하고 그 성과(成果)를 지키기 위한 것이다.

☞ 오자(吳子)

군주(君主)는 어느 편이 정치를 잘하는가, 장수는 어느 편이 더 유능한가, 천지(天地)와 지리(地利)는 어느 편이 얻고 있는가, 법령(法令)은 어느 편이 더 강한가, 병사(兵士)는 어느 편이 더 훈련이 잘되었는가, 상과 벌은 어느 편이 더 명확한가? 나는 이것으로써 이기고 지는 것을 미리 안다.

☞ 손자(孫子) 〈손자병법(孫子兵法)〉

신하의 의향이 임금과 맞으면 신하가 올리는 말이 더욱 충성스럽게 여겨져서 더욱 친애(親愛)를 받지만, 임금이 꺼리는 신하의 말이면 계책(計策)에 맞는다 해도 도리어 의심을 받게 된다.

친어머니가 자식의 머리통 부스럼을 치료하다가 귀 언저리까지 피가 흘러내리면, 남들이 보고 자식을 무척 사랑해서 생긴 일이라고 생각한다. 그러나 만약 계모가 이런 일을 했다고 하면, 지나가던 사람이 보고 자식을 미워하는 소행이라고 여기며 비난한다.

같은 일을 하지만 관점에 따라 이처럼 다르게 여기는 것이 세상인심이다.

☞ 회남자(淮南子)

말하는 이의 마음은 한결같건만, 듣는 이의 귀들은 서로 다르다.

☞ 지눌(知訥) 〈진각국사어록(眞覺國師語錄)〉

무릇 명경(明鏡)은 모습을 비추어 보기에는 편리하지만 밥을 담기에는 도시락만 못하고, 한털 한색의 순수한 소는 묘당에 제물(祭物)로 올리기에는 좋으나 기우제에서 비를 내리게 하는 데는 검은 뱀만 못하다. 이렇게 볼 때 모든 물건에는 귀천의 차이가 있을 수 없다.

무엇이건 귀한 점을 따라 귀하게 여기면 귀하지 않은 것이 없으며, 천한 점을 따서 천하게 여기면 천하지 않은 것이 없다.

☞ 회남자(淮南子)

어떤 사람이 도끼를 잃어버리고는 이웃집 아들을 의심했다. 그의 걸음걸이를 보아도 도끼를 훔친 것 같고, 안색을 보아도 도끼를 훔친 것 같고, 말씨를 들어도 도끼를 훔친 것 같았다. 어디를 보나 훔친 것 같지 않은 데가 없었다.

얼마 후에 골짜기에서 잃었던 도끼를 찾았다. 다음 날 다시 그 이웃집 아들을 보니 동작과 태도가 도끼를 훔친 것 같지 않았다.

☞ 열자(列子)

높은 벼랑을 가보지 않으면 어찌 굴러 떨어지는 환난을 알겠는가. 깊은 못에 임하지 않으면 어찌 빠져 죽는 환난을 알겠는가. 큰 바다에 가보지 않으면 어찌 풍파의 환난을 알겠는가.

☞ 공자(孔子) 〈명심보감(明心寶鑑)〉

천한 사람이 미(美)를 미(美)라 의식하는 것은 추(醜)가 있는 까닭이며, 누구나 선(善)을 선(善)이라 의식하는 것은 선하지 않은 것이 있는 까닭이다.

유(有)와 무(無)도 상대가 있어야 생기며, 어려움과 쉬움도 상대가 있어야 성립되고, 길고 짧다는 개념도 서로 비교할 때 이루어지며, 높고 낮음도 서로 상대를 예상하는 것이고, 악기의 음(音)과 성(聲)은 서로가 있어야 조화를 이루며, 앞과 뒤도 서로 따르기 마련이다.

그러기에 성인(聖人)은 작위(作爲)함이 없이 일을 처리하거나, 말하지 않고 가르침을 행하는 것이다. ☞ 열자(列子)

불상사(不祥事)는 자기의 잘못을 충고하는 소리에 귀를 기울이지 않는 데서 비롯된다. ☞ 위조자(尉繚子)

사람이 산(山)에 발이 걸려 넘어지는 일은 없을지라도, 개미둑같이 작은 것에 발이 걸려 넘어지는 것은 부지기수(不知其數)로 일어난다. 그러므로 누구나 피해가 작을 것이라고 가볍게 여기거나, 대단치 않은 일이라고 업신여겼다가는 크게 후회하게 될 것이다.

환난을 당한 후에 걱정하는 것은, 마치 병자를 죽게 해놓고 좋은 의사를 찾는 격이라 하겠다. ☞ 회남자(淮南子)

환난이 있을 것을 미리 짐작하고 이를 예방하는 것은, 재앙을 만난 뒤에 은혜를 베푸는 것보다 훨씬 나은 것이다.

☞ 정약용(丁若鏞) 〈목민심서(牧民心書)〉

사물에는 근본(根本)과 말단(末端)이 있고, 일에는 끝과 처음이 있다. 선후(先後)를 가려 행할 줄 알면, 도(道)에 가까워지느니라.

☞ 공자(孔子) 〈대학(大學)〉

곤경에 빠지지 않으려면, 평소에 충분한 대비를 해야 한다.

☞ 위조자(尉繚子)

평상시에 미리 조처하지 못하고 졸지에 경변(警變)을 당하고서야 당황하여 청원(請援)의 손을 벌리니, 이는 미봉책이라고 하기보다는 백성과 국토의 할양(割讓)만 증대(增大)할 따름이다.

☞ 강유위(康有爲)

꽃이 화분 속에 있으면 생기가 없고, 새가 새장 속에 있으면 천연(天然)의 묘취(妙趣)가 없다. 산 속의 꽃과 새는 여러 가지로 어울려 아름다운 문채(紋彩)를 짜내고 마음대로 날아다니므로 한없는 묘미(妙味)를 깨닫는다.

☞ 홍자성(洪自誠) 〈채근담(菜根譚)〉

갑자기 급한 일이라도 일어나면 비록 백 배의 힘을 소비할지라도 그 일에 이익이 없을 것이니, 이것은 미리 준비하지 않은 과실이다. ☞ 박제가(朴齊家) 〈북학의(北學議)〉

일 년을 위한 대비책으로는 곡식을 심는 것보다 더 좋은 것이 없고, 십 년을 위한 대비책으로는 나무를 심는 것보다 좋은 것이 없으며, 평생을 위한 대비책으로는 인간을 심는 것보다 더 좋은 것이 없다. ☞ 관자(管子)

나간다 나간다 하기를 십 년을 하지 아니하였느냐. 그러하건마는 십 년 후의 오늘날까지도 나갈 힘이 없지 아니하냐. 나갈 준비하기를 십 년을 하였던들 지금은 나갈 힘이 생겼으리라. 지금부터 나갈 준비를 아니 하고 여전히 나간다 하기만 하면, 금후(今後) 십 년 후에도 여전히 나갈 힘이 없으리라! 그러므로 지금은 나갈 때가 아니요, 나갈 준비를 할 때다.
☞ 안창호(安昌浩) '좌상해 시국 대강연(佐上海 時局 大講演)'

욕심을 버리고 무위(無爲)의 심경이 되면 마음이 태연하고 여유가 생기며, 남과 경쟁하지 않는 처지에 서면 부귀도 빈천도 모두 같아진다. 순수함을 지니고 소박함을 지키면, 욕심도 없고 시름도 없다. ☞ 포박자(抱朴子)

정의(正義)에 따라 군사를 일으키면 사기(士氣)가 오르고, 좋은 기회를 타서 싸움을 시작하면 승리하며, 부하를 은혜로써 다스리면 잘 복종한다. ☞ 사마양저(司馬穰苴) 〈사마법(司馬法)〉

군주(君主)가 능히 현자(賢者)를 가려 높은 지위에 앉히고 불소(不肖)한 자를 그 밑에서 일하게 하면 진(陣)은 이미 안정(安定)된 것이다. 백성들이 생업(生業)에 안주(安住)하여 위정자(爲政者)와 친근해지면 수비(守備)는 이미 견고한 것이며, 백성들이 모두 내 군주(君主)가 옳고 적국(敵國)이 그르다고 하면 싸움은 이미 승리한 것이다. ☞ 오자(吳子)

천지가 만물을 양육(養育)함은 평등하다. 높은 자리에 있다고 해서 잘난 체해도 안 되며, 남보다 낮은 데 있다고 해서 못난 체해도 안 된다. ☞ 장자(莊子)

하늘은 사람 위에 사람을 만들지 않았고, 사람 밑에 사람을 만들지 않았다. ☞ 복택논길(福澤諭吉) 〈학문의 장려〉

남의 작은 허물을 책망(責望)하지 말며, 남의 사적인 비밀을 발설하지 말며, 남의 지난 잘못을 생각하지 마라.
☞ 홍자성(洪自誠) 〈채근담(菜根譚)〉

감옥에 갇혀 있는 죄수에게는 하루가 길게 여겨지지만, 거리로 끌려가 처형당할 사형수에게는 하루가 무척 짧게 느껴질 것이다.

원래 하루의 시간적 길이는 일정하다. 그렇거늘 경우에 따라 짧게도 또는 길게도 느껴지는 것은, 하루의 시간을 대하는 사람의 마음속이 평정을 잃고 있기 때문이다.

그러므로 공평하지 못한 마음으로 공평하다고 주장해 보았자, 그 공평은 진짜로 공평한 것이 아니다.　☞ 회남자(淮南子)

자유(自由)와 제재(制裁), 이 두 가지는 서로 엇갈리는 것이 아닐 뿐더러 사실은 서로 필요로 하고 서로 도와 완성되는 것이다. 따라서 잠시도 따로 떨어질 수 없는 것이다.

☞ 양계초(梁啓超)〈자유(自由)와 제재(制裁)〉

선한 사람은 선하지 않은 사람의 스승이고, 선하지 않은 사람은 선한 사람의 자본이다.　　　　☞ 노자(老子)

소인(小人)을 대함에 있어 엄하기는 어렵지 않으나 미워하지 않기는 어려우며, 군자(君子)를 대함에 있어 공손하기는 어렵지 않으나 예(禮)를 지니기는 어려운 것이다.

☞ 홍자성(洪自誠)〈채근담(菜根譚)〉

나를 귀하게 여김으로 인해서 남을 천하게 여기지 말고, 자기가 크다고 하여 남이 작다고 업신여기지 마라.

☞ 〈명심보감(明心寶鑑)〉

눈 덮인 들판을 밟고 지날 때는 함부로 어지러이 걷지 마라. 오늘 내가 남긴 발자국이 뒷사람의 길이 되리니…….

☞ 서산대사(西山大師) 휴정(休靜)

자신을 굽히고 잘못하는 사람은 남을 곧게 바로잡아 줄 수 없다.

☞ 맹자(孟子)

다른 사람을 헤아려 비평하려거든 먼저 모름지기 자신부터 헤아려 비평하라.

☞ 〈명심보감(明心寶鑑)〉

세력으로 사귄 사람은 세력이 기울면 끊어지고, 이익으로 사귄 사람은 이익이 다하면 흩어진다. ☞ 문중자(文中子)

인생과 종교

하늘은 말씀하시지 않는다. 사시(四時)가 운행되고 만물이
잘 자라거니, 하늘이 무엇을 말씀하시랴.

☞ 공자(孔子)〈논어(論語)〉

새와 까마귀는 서로 엉키어 있기는 하나 서로 친화(親和)하
지 않으며, 무게가 없는 결의(結義)는 비록 굳게 맺었다 해도
반드시 풀리고 만다.
천도(天道)를 구현하는 길도 무게 있고 정중한 태도로 나아
가야 한다.

☞ 관자(管子)

얕은 도랑에서는 큰 물고기가 몸을 자유로이 움직이지 못해
미꾸라지의 시달림을 받고, 낮은 언덕에서는 큰 짐승이 몸
숨길 곳이 없어 간사한 여우의 침범을 당한다. ☞ 장자(莊子)

하늘이 높고 땅이 낮음은 신명(神明)의 지위(地位)요, 봄 여름이 앞서고 가을 겨울이 뒤따름은 사시(四時)의 순서(順序)이다.

만물이 화생(化生)하여 각각 형상을 갖추어 먼저 성(盛)하고 뒤에 쇠(衰)하니, 생멸(生滅) 변화(變化)의 흐름이다.

☞ 장자(莊子)

대저 이 세상 모든 물건에는 각각 주인이 있어 내 것이 아니면 한 터럭일지라도 취하기 어렵도다.

강상(江上)의 청풍(淸風)과 산간(山間)의 명월(明月)은 귀가 이를 들으면 소리가 되고, 눈이 이를 보면 빛을 이루며, 취해도 금(禁)하는 자 없고, 아무리 써도 없어지는 법이 없도다.

☞ 소식(蘇軾)〈고문진보(古文眞寶)〉

봄비는 영전(榮轉)을 알리는 칙서(勅書)와 같고, 여름비는 죄수에게 내리는 사면장(赦免狀)과 같으며, 가을비는 만가(輓歌)와 같다.

그래서 봄비는 독서하기에 좋고, 여름비는 장기 두기에 좋으며, 가을비는 가방 속이나 다락방 속을 정리하는 데 좋고, 겨울비는 술 마시기에 좋다.

☞ 임어당(林語堂)〈생활(生活)의 발견(發見)〉

천지(天地)는 광대하나 만물을 화육(化育)시킴은 균등하고, 만물은 비록 많으나 자연(自然)이 이를 다스림은 한결같다. 사람은 비록 많지만 그 주인은 임금이요, 임금은 자연의 덕(德)을 근본으로 하니 천도(天道)에 따라 다스림을 이룬다.

☞ 장자(莊子)

어린아이가 종일 울어도 목이 쉬지 않는 것은 유화(柔和)의 극치(極致)에 있는 까닭이고, 종일 주먹을 쥐어도 단단하지 않는 것은 덕(德)이 자연에 이른 까닭이며, 종일 보아도 눈을 껌벅이지 않는 것은 외물(外物)에 마음이 쏠리지 않기 때문이다.

가도 가는 것을 모르고, 앉았어도 하는 바를 모르며, 만물에 순응해 움직이고, 자연의 물결에 따라 밀려가나니, 이것이 양생법(養生法)이다.

☞ 장자(莊子)

해와 달이 지남은 번갯불 같으니, 광음(光陰)은 참으로 아껴야 하네.

☞ 보우(普愚)〈태고화상어록(太古和尙語錄)〉

나이는 시간과 함께 달려가고, 뜻은 세월과 더불어 사라져 간다. 드디어 말라 떨어진 뒤에 궁한 집 속에서 슬피 탄식한들 어찌 되돌릴 수 있으랴.

☞ 소학(小學)

발로 밟는 땅은 비록 좁지만, 밟지 않은 땅이 넓은 줄 알기 때문에 마음 놓고 다닌다. 이와 마찬가지로 사람의 지(知)는 비록 근소(僅少)하지만, 그 알지 못하는 광대한 세계가 있음을 믿고 비로소 대자연이 말하는 바를 들을(알) 수 있다.

☞ 장자(莊子)

천도(天道)를 터득하면 만사가 부지불식(不知不識) 중에 이루어지므로 아무도 의식하지 못하고, 공덕(功德)이 이루어져 백성에게 혜택을 주되 아무도 의식하지 못한다.

이렇듯 모든 공덕이나 소위(所爲)를 속에 숨기고 드러내 보이지 않는 태도가 바로 천도(天道)라 하겠다. ☞ 관자(管子)

뿌리 깊은 나무는 바람에 아니 움직일세, 꽃 좋고 열매도 많네.

샘이 깊은 물은 가물에 아니 그칠세, 내가 되어 바다에 이르네. ☞ 〈용비어천가(龍飛御天歌)〉

천지만물(天地萬物)의 이치는 홀로가 아니요, 반드시 그와 마주 서는 대(對)가 있다. 그것은 모두 저절로 그러한 것이요, 억지로 안배하여 있는 것이 아니다.

☞ 주자(朱子)〈근사록(近思錄)〉

돌아가리 돌아가, 전원(田園)에 장차 묵으려 하니 아니 가고
어이하리.　　　　　　☞ 도연명(陶淵明) 〈고문진보(古文眞寶)〉

대저 의식(衣食)이 모자라면 살지 못할 것이고, 사기(土氣)가
사그라지면 살 수 없는 것이며, 무력(武力)이 승하면 살 수
없는 것이고, 사치하는 풍습이 많으면 살지 못할 것이며,
시기와 의심이 많으면 살 수 없는 것이다.
이러한 것들을 가리면, 취하고 버릴 바를 알게 될 것이다.
　　　　　　☞ 이중환(李重煥) 〈택리지(擇里志)〉

수레를 삼킬 만한 큰 짐승도 홀로 산에서 벗어나면 그물에
걸리는 환난을 면치 못하고, 배를 삼킬 만한 큰 물고기도
물을 떠나 육지로 나오면 개미에게도 시달림을 당한다. 그러
므로 새나 짐승은 높은 데서 살기를 좋아하고, 물고기나 자
라는 깊은 물에서 살기를 좋아한다.
이와 마찬가지로 자기의 몸을 보전(保全)하려는 사람은 그
몸을 숨김에 있어 깊숙한 곳을 택해야 한다.　☞ 장자(莊子)

먹는 나이는 거절할 수 없고, 흐르는 시간은 멈추게 할 수
없다. 생장(生長)과 소멸(消滅), 성(盛)하고 쇠(衰)함이 끝나
면 다시 시작되어 끝이 없다.　　　　　　☞ 장자(莊子)

무릇 해와 달은 두루 돌며, 때는 사람과 같이 어정거리지 않는다. 따라서 성인(聖人)은 열 자 길이의 구슬을 귀하다 않고, 촌음(寸陰)을 중히 여긴다. 때는 얻기 어렵고, 잃기는 쉽다.　　　　　　　　　　　　　　　☞ 회남자(淮南子)

위대한 우주의 진리를 터득한 사람에게는 삶이나 죽음을 가지고 겁을 줄 수 없으며, 도(道)에 맞게 본성(本性)을 바르게 보양(保養)할 줄 아는 사람에게는 천하를 내걸고 꾀어도 소용이 없다. 삶이 아닌 경지, 즉 죽음의 세계의 즐거움을 아는 사람에게는 죽음으로 두려움을 줄 수 없고, 천하를 마다하고 은둔한 허유(許由)가 순(舜)임금보다 존귀하다는 것을 아는 사람은 물질을 탐내지 않는다.　　☞ 회남자(淮南子)

사물(事物)의 큰 것은 말로써 표현할 수 있고, 작은 것은 마음으로 추측할 수 있다. 그러나 말로써 표현할 수 없고 마음으로 추측할 수도 없는 진리에 있어서는, 작다 크다 할 수 없다.　　　　　　　　　　　　　　　　　☞ 장자(莊子)

손가락으로 달을 가리키되 달은 손가락에 있지 않고, 말로써 진리를 말하되 진리는 말에 있지 않다.

　　　　　　　　　　☞ 보조국사(普照國師) 법어(法語)

진리에는 말이나 형상이 없지만, 말이나 형상을 떠날 수도 없다. 말이나 형상을 떠나면 의혹에 빠지고, 말이나 형상에 집착하면 그 참모습을 모른다.

☞ 대각국사(大覺國師) 〈대각국사(大覺國師) 문집(文集)〉

진정이란, 정성이 지극함을 말한다. 진정이 아니고는 사람을 움직이지 못한다. 그러므로 억지로 우는 자는 아무리 슬프게 울어도 사람을 슬프게 못하고, 억지로 화내는 자는 아무리 엄하게 꾸며도 무서운 느낌을 주지 못하며, 억지로 친한 체하는 자는 아무리 웃음을 띠고 있어도 친화(親和)의 정(情)을 주지 못한다.

그러나 이와 반대로 진정한 슬픔은 소리 내어 울지 않아도 남을 슬프게 하고, 진정한 노여움은 화내지 않아도 남을 두렵게 하며, 진정 친함은 웃지 않아도 사람을 친화케 한다. 진정이 안에 있으면 그 마음은 저절로 밖으로 나타난다. 그러므로 진정은 귀중한 것이다. ☞ 장자(莊子)

완전한 도(道)는 이름을 붙일 수 없다. 완전한 논평은 말을 아니 쓴다. 완전한 인자(仁慈)는 인자의 개별적 행위에 기울어지지 않는다. 완전한 강직(剛直)은 남을 비평하지 않는다. 완전한 용맹은 앞으로 밀고 나가지 않는다. ☞ 장자(莊子)

여러 사람의 마음은 속이지 못하고, 공론(公論)은 막기 어렵다. 허위를 꾸민 자취는 어쩌다 한 사람의 마음을 가릴 수 있을지 모르나, 뱃속이 들여다보여지는 것은 열 눈[目]의 보는 바여서 도망하기가 어렵다.

☞ 이언적(李彦迪) 〈회재집(晦齋集)〉

참[眞]은 오래가고, 거짓은 잠깐이다.

☞ 김안국(金安國) 〈모재집(慕齋集)〉

물에서 가는 데는 배만큼 편리한 것이 없고, 육지에서 가는 데는 수레만큼 편리한 것이 없다.
그러나 물에서 가도록 되어 있는 배를 육지에서 밀고 가려고 한다면, 평생을 애써도 몇 길을 가지 못할 것이다.

☞ 장자(莊子)

만일 말을 따라 생각을 내고, 글을 맞추어 앎을 나타내며, 교(敎)에 따라 마음이 흔들리어 손가락과 달을 구분 못하고, 명예와 이익에 대한 마음을 잊지 못하면서 설법(說法)을 하거나 사람을 제도(濟度)하려는 자는 마치 더러운 달팽이가 자신의 더러움으로 남까지 더럽힘과 같다.

☞ 보조국사(普照國師) 법어(法語)

찰흙을 이겨서 그릇을 만드는 경우, 그 빈 곳[無]이 그릇으로서의 구실을 한다. 문(門)이나 창(窓)을 내고 방을 만드는 경우에도 그 비어 있는 부분[無]이 방으로 이용된다.

그러므로 있는 것이 이(利)가 된다는 것은 없는 것[無]이 작용하는 까닭이다.
☞ 노자(老子)

가득 차 있는 이는 마치 물이 장차 넘칠 것이로되 아직 넘치지 않음과 같으니, 한 방울 물이라도 더하는 것을 몹시 꺼린다. 위급한 곳에 있는 이는, 마치 나무가 장차 꺾일 것이로되 아직 꺾이지 않음과 같으니, 조금이라도 더 눌리는 것을 몹시 싫어한다.
☞ 홍자성(洪自誠) 〈채근담(菜根譚)〉

무릇 형체가 있는 것은 형체가 없는 것에 의해서 살고, 육체는 정신에 의해서 성립된다. 형체가 있는 것은 형체 없는 것의 집이고, 육체는 정신의 집이다.

이것을 둑에 비유하면, 둑이 무너지면 물이 괴어 있을 수 없다. 촛불에 비유하면, 초가 닳아 없어지면 불이 붙어 있을 곳이 없다.

육체가 지쳐 버리면 정신이 흐트러지고, 기운이 다하면 목숨이 끝난다. 뿌리가 마르고 있는데, 가지만이 우거지면 푸른 생기는 나무를 떠난다.
☞ 포박자(抱朴子)

인간이 종교를 만드는 것이지, 종교가 인간을 만드는 것은
아니다.　　　　　　　　☞ 미키 키요시 〈삼목청(三木請)〉

믿는 것은 의심하는 것보다 낫다. 그러나 의심하지 않고서는
깊이 믿을 수가 없다. 회의(懷疑)는 신앙(信仰)을 위해 필요
하다.　　　　　　☞ 우치무라 칸조오 〈소감십년(所感十年)〉

사람이 나를 의심하면, 그런 일이 없음을 반드시 밝혀야 한
다. 그러나 그렇게 해서는 안 될 때도 있으니, 대개 급히
서두르면 그 의심이 더욱 커지기 때문이다.
　　　　　　　　　　☞ 이곡(李穀) 〈가형집(稼亨集)〉

스스로를 믿는 이는 남도 또한 믿어서 원수끼리라도 모두
형제일 수 있고, 스스로를 의심하는 이는 남도 또한 의심하
여 제 몸 외에는 모두 적국(敵國)이 된다.
　　　　　　　　　　☞ 〈명심보감(明心寶鑑)〉

생(生)은 오는 것을 물리칠 수도 없고, 가는 것을 막을 수도
없다. 그러니 슬픈 일이다.
세상 사람들은 육체만 유지하면 생명이 보존되는 줄로만
알고 있으니…….　　　　　　　☞ 포박자(抱朴子)

나는 예수 그리스도가 나를 대신해서 죽었다고는 믿지 않는
다. 이것이 현대인화 된 종교다.

하늘을 믿는 것은 사람을 믿는 것만 같지 못하고, 하느님을
의지하는 것은 자신을 의지하는 것만 같지 못하다.

☞ 호적(胡適)

만물에 대해 널리 잘 알아도 인도(人道)를 알지 못하면 지혜
롭다 할 수 없고, 중생을 널리 사랑할지라도 인류애가 없으
면 인(仁)이라 할 수 없다.

☞ 회남자(淮南子)

도(道)는 사람들의 생활에서 먼 것이 아니니, 사람이 도(道)
를 행한다고 하면서 사람들의 삶에 멀리한다면, 도(道)라 이
를 수 없는 것이다.

☞ 〈중용(中庸)〉

하루라도 선(善)을 행한다면 복(福)은 비록 아직 이르지 않더
라도 화(禍)는 저절로 멀어지는 것이요, 하루라도 악(惡)을
행한다면 화는 비록 아직 이르지 않더라도 복은 저절로 멀어
지는 것이다.

☞ 〈명심보감(明心寶鑑)〉

너는 옥(玉)으로 보배를 삼았으나, 나는 탐내지 않음을 보배
로 삼았다.

☞ 〈춘추좌전(春秋左傳)〉

편안한 거처가 없는 것이 아니라 나에게 편안한 마음이 없는 것이요, 만족할 재산이 없는 것이 아니라 나에게 만족할 마음이 없는 것이다.　　　　　　　　　　☞ 묵자(墨子)

천지(天地)라는 것은 만물(萬物)의 여관(旅館)이요, 세월은 영원한 시간 속의 나그네이다.　　　☞〈고문진보(古文眞寶)〉

경제생활과 경영

의(義)가 끊어지고 친분이 엷어지는 것은 오직 돈 때문이다.

☞ 〈명심보감(明心寶鑑)〉

돈의 몸은 하나이지만 네 가지 뜻을 포함하고 있다.

첫째, 돈의 바탕은 둥글고 모났으니 둥근 것은 하늘의 모양을 본뜨고 모난 것은 땅을 본뜬 것으로, 덮고 실어서 구름이 끝없다는 뜻이다.

둘째, 돈은 샘이니, 가고 흐름이 샘물 같아 끝이 없다는 뜻이다.

셋째, 돈은 퍼짐이니, 돈은 국민 상하(上下) 사이에 두루 퍼져 영원히 막힘이 없다는 뜻이다.

넷째, 돈은 칼이니, 빈부(貧富)를 옳고 날카롭게 쪼개어 날마다 써도 무디지 않는다는 뜻이다.

☞ 대각국사(大覺國師) 〈대각국사(大覺國師) 문집(文集)〉

이익에 있어 투철한 사람은 흉년도 그를 죽이지 못하고, 덕(德)에 있어 투철한 사람은 사악한 세상도 그를 혼란시키지 못하느니라. ☞ 맹자(孟子)

수레를 끄는 소가 죽으면 부부(夫婦)가 운다. 그러나 그것은 육친(肉親)의 사랑 때문이 아니라, 그 이로움이 크기 때문이다. ☞ 안자(晏子)

권세가 있으면 비록 작은 관리라도 부(富)하게 되는데, 이것은 뇌물 때문이다.
권세가 없으면 비록 대신(大臣)이라도 다만 규정된 녹봉만 바랄 뿐이므로, 이것으로는 애초부터 처자(妻子)를 부양하기에도 부족하다. ☞ 박제가(朴齊家) 〈북학의(北學議)〉

강국에 의탁하여 도움을 받는다 해도, 반드시 우리가 자립한 다음에 해야 할 것이다. 그렇게 해야만 전후로 상응(相應)하고, 적에 대항하여 성과를 거두며, 우리를 구원하는 자에게도 구원다운 구원이 될 것이다.
만약 우리가 그들의 곁가지 역할이나 하게 되는 경우라면, 어떻게 침상에 누워 편안한 잠을 잘 수 있겠는가? ☞ 강유위(康有爲)

토끼를 다 잡고 나면 사냥개도 죽이고, 나는 새를 다 잡고
나면 좋은 활도 내버린다. ☞ 회남자(淮南子)

대저 검소하고 절약하면 복(福)을 받고, 사치하고 호화스러
우면 재앙을 부르는 것은 하늘의 이치이다.
☞ 이언적(李彦迪)〈회재집(晦齋集)〉

온 세상이 청빈과 검소를 천하게 여겨, 몸을 받들어 호화와
사치를 좋아하는구나.
살찐 말에 가벼운 털옷을 입고 의기양양하게 마을을 지나가
면 거리의 아이들은 이를 부러워하지만, 학식이 있는 이는
도리어 더럽게 생각한다. ☞ 범질(范質)〈소학(小學)〉

검소함은 다스려 편안해지는 길이요, 사치는 재앙과 패망의
발단이다. ☞ 정도전(鄭道傳)〈삼봉집(三峰集)〉

집을 이룰 아이는 인분도 금처럼 아끼고, 집을 망칠 아이는
금도 인분처럼 쓴다. ☞ 〈명심보감(明心寶鑑)〉

재물은 몸 밖에 뜬 티끌이요, 목숨은 이 한 때의 물거품이다.
☞ 기화(己和)〈함허 화상 어록(涵虛 和尙 語錄)〉

창고가 뚫려 있음에도 가리지 않아, 쥐와 새들이 어지러이 먹어대는 것이 첫째의 소모(消耗)다.

거두고 씨 뿌림에 때를 놓치는 것이 둘째의 소모다.

곡식을 퍼뜨리어 더럽고 천하게 다루는 것이 셋째의 소모다.

☞ 강태공(姜太公) 〈명심보감(明心寶鑑)〉

일반 사람들은 눈앞의 이득만을 좋아하고 눈앞의 손실을 싫어한다.

오직 성인(聖人)만이 눈앞의 손실이 도리어 이득이 될 수 있고, 눈앞의 이득이 도리어 손실이 될 수 있음을 터득하고 있다.

☞ 회남자(淮南子)

불의(不義)로 취한 재물은 끓는 물에 뿌려지는 눈[雪]과 같고, 뜻밖에 얻어진 논밭은 물살에 밀리는 모래와 같다.

교활한 꾀로 생활하는 방법을 삼는다면, 그것은 흡사 아침에 피는 구름이나 저녁에 지는 꽃과 같은 것이다.

☞ 〈명심보감(明心寶鑑)〉

다만 식구를 헤아려 식량을 대고, 몸을 재어서 베를 마련해 준다면 일생에 만족할 것이다. 그럴진대 어찌 재물로써 마음을 괴롭히겠는가.   ☞ 박지원(朴趾源) 〈열하일기(熱河日記)〉

알맞으면 복이 되고 너무 많으면 해가 되나니, 세상에 그렇지 않은 것이 없다. 하물며 재물에 있어서는 더욱 그것이 심하다.　　　　　　　　　　　　　　　　☞ 장자(莊子)

대저 재물을 쌓는 부자(富者)는 남에게 인색하다는 욕을 먹는 것쯤은 부끄럽게 생각지 않는다. 그들은 이로써 남이 자신에게 무엇을 바라는지조차 생각 못하게 하자는 속셈이 있기 때문이다.　　　☞ 박지원(朴趾源)〈연암별집(燕巖別集)〉

물질로 인하여 자기를 상실(喪失)하고, 세속으로 말미암아 본성을 잃는 사람은 본말(本末)을 전도(顚倒)한 사람이라 할 수 있다.　　　　　　　　　　　　　　　☞ 장자(莊子)

대저 재물은 우물과 같다. 퍼 쓸수록 자꾸 가득 차고, 이용하지 않으면 말라 버린다.　☞ 박제가(朴齊家)〈북학의(北學議)〉

방 안에 빈 곳이 없다면 며느리와 시어머니는 싸움 그칠 날이 없을 것이며, 마음에 여유가 없으면 오장육부가 서로 부딪쳐 조화(調和)를 잃게 된다. 큰 숲이나 높은 산이 사람을 반갑게 함은 사람의 마음이 세속에 쪼들리고 있기 때문이다.　　　　　　　　　　　　　　　　☞ 장자(莊子)

땅을 가진다는 것은 만물을 소유하는 것이다. 만물을 소유하는 자는 물건을 물건으로 알아서는 안 된다. 물질적 물건이 참된 물건이 아님을 아는 자라야 능히 물건의 주인이 될 수 있다.

☞ 장자(莊子)

구한다고 얻어지는 것이라면 마부 노릇이라도 하리라. 그러나 구한다고 얻어지는 것이 아니라면 내가 좋아하는 바를 따라 살리라.

☞ 공자(孔子) 〈논어(論語)〉

거친 밥을 먹고 물을 마시고, 팔을 굽혀 베개 삼아 베고 누웠어도 즐거움은 그 가운데 있다. 불의(不義)로써 부(富)하게 되고 귀(貴)하게 되는 것은 나에게 있어서는 하늘에 뜬 구름과 같다.

☞ 공자(孔子) 〈논어(論語)〉

모든 일에 인정(人情)을 남겨두어라. 뒷날에도 서로 좋은 낯으로 보게 되리라.

☞ 〈명심보감(明心寶鑑)〉

부(富)는 사람에게 모든 편리를 제공해 준다. 남의 용력(勇力)을 끼고 위세를 부리고, 남의 지모(智謀)를 빌어 자기의 지혜로 삼으며, 남의 덕(德)을 끌어다 자기의 현량(賢良)으로 삼을 수 있게 한다.

☞ 장자(莊子)

사람에게 네 가지 소원이 있으니, 안으로는 신령스러움과 강함을 원하고, 밖으로는 부(富)와 귀(貴)를 원한다. 그런데 귀함에는 벼슬하지 않음보다 더 귀함이 없고, 부함에는 욕심 내지 않음보다 더 부함이 없으며, 강함에는 다투지 않음보다 더 강함이 없고, 신령함에는 알지 못함보다 더 신령함이 없 다.　　　　　　　☞ 이지함(李之菡) 〈토정집(土亭集)〉

사람의 정의(情義)는 다 가난한 데서 끊어지고, 세속의 인정 은 곧잘 돈 있는 집으로 쏠린다.　☞ 〈명심보감(明心寶鑑)〉

많은 사람들은 곤궁으로 고민하고 있다. 나는 여러 차례 과 학에 낙제하여, 곤궁함 속에서 편안함을 얻게 되었다. 내가 이 곤궁함을 어찌 세상 사람의 부귀영화와 바꿀 수 있으랴.
　　　　　　　　☞ 조식(曹植) 〈남명집(南溟集)〉

호사하는 사람은 돈이 많아도 항상 모자라니, 어찌 가난해도 항상 남음이 있는 검소한 사람만 하겠는가.
　　　　　　　　☞ 홍자성(洪自誠) 〈채근담(菜根譚)〉

가난하면서 원망하지 않기는 어렵고, 부자이면서 교만하지 않기는 쉬운 일이다.　　☞ 공자(孔子) 〈논어(論語)〉

부자이면서 교만하지 않은 사람이 있었다는 말은 들어 보지 못했습니다. 그러나 가난하고도 이를 원망하지 않을 수는 있으니, 제가 바로 그러합니다.

가난하면서도 이를 원망하지 않는 태도는 가난을 곧 스승으로 삼고, 가난에서 무엇인가를 배우려는 자세를 가짐으로써 취할 수 있습니다.

이제 저에게 토지를 봉하신다면 저의 스승을 바꾸어 놓는 셈입니다. 그리하여 스승을 경시(輕視)하면서 봉해진 토지를 중히 여길 테니, 그 토지를 사양합니다.　☞ 안자(晏子)

명아주 먹는 입, 비를 먹는 창자엔 얼음같이 맑고 구슬처럼 조촐한 사람이 많지만, 비단옷 입고 쌀밥 먹는 사람은 종노릇 시늉도 달게 여긴다. 대저 뜻은 담백함으로써 밝아지고, 절조(節操)는 기름지며, 달콤한 맛 때문에 잃어진다.

☞ 홍자성(洪自誠)〈채근담(菜根譚)〉

일을 계획할 때는 강유(剛柔)를 겸하고, 경중(輕重)을 저울질하며, 대소(大小)를 분간하고, 실(實)과 허(虛)를 분간하며, 원근(遠近)을 잘 측정하고, 다소(多少)를 헤아려야 한다. 이러한 계책(計策)을 일컬어 계수(計數)라고 한다.

☞ 관자(管子)

다섯 이랑 택지(宅地)에 뽕나무를 심게 하면 오십 된 자가 비단 옷을 입을 수 있고, 닭·개·돼지 같은 가축을 때를 잃지 않고 번식시키면 칠십 된 자가 고기를 먹을 수 있으며, 백이랑 농토에 농사지을 시기를 빼앗지 않는다면 몇 식구의 굶주림이 없을 것이고, 학교 교육에 힘을 기울여 효제(孝悌)의 도덕이 널리 실행되면 백발노인이 길에서 무거운 짐을 지고 다니는 일은 없게 될 것이다.

칠십 된 노인이 비단옷을 입고 고기를 먹으며, 일반 백성들이 굶주리지 않고 추위에 떨지 않게 하고서도 왕 노릇을 못한 예는 지금까지 없었다. ☞ 맹자(孟子)

골짜기 좁으면 물이 마르기 쉽고, 흐름이 얕으면 바닥나기 쉽다. 돌이 많은 땅엔 식물이 자라지 않으며, 임금의 은택이 궁중을 벗어나지 못할 정도라면 온 나라에 흐를 수가 없을 것이다. ☞ 묵자(墨子)

일생의 계책(計策)은 어릴 때에 있고, 일 년의 계책은 봄에 있으며, 하루의 계책은 새벽녘에 있다.

어려서 배우지 않으면 늙어서 아는 바가 없고, 봄에 갈지 않으면 가을에 바랄 것이 없으며, 새벽녘에 일어나지 않으면 그날의 할 일이 없다. ☞ 공자(孔子)

무릇 천하의 모든 일은, 무엇보다도 먼저 계획을 세우지 않으면 만사에 실패하는 원인이 된다.

☞ 양성지(梁誠之) 〈눌재집(訥齋集)〉

어진 사람을 임명함에 이간질을 못하게 하고, 나쁜 일을 내치는 데 주저하지 않으면서, 의심스런 계획을 세우지 않으면 모든 뜻이 다 이루어질 것이다.　☞ 〈서경(書經)〉

시장(市場)이란 대소(大小)나 빈부(貧富)를 막론하고 누구나 물자를 얻는 바인데, 사람마다 마음대로 하되 제한이 없어 값을 올리고 싶은 대로 올려 전날에 비해 세 배나 더하니, 풍속의 피폐함을 어찌 다 말하랴.

☞ 양성지(梁誠之) 〈눌재집(訥齋集)〉

인재(人材)는 국가의 주석(柱石)이다. 그러므로 나라를 다스림에는 인재 얻는 일을 근본으로 삼고, 교화(敎化)에 있어서는 인재 기르는 일을 먼저 한다.

☞ 김시습(金時習) 〈매월당집(梅月堂集)〉

짧은 두레박으로 깊은 물을 푸지 못하고, 작은 그릇으로 많이 담지 못함은 제 힘에 겹기 때문이다.　☞ 회남자(淮南子)

하늘은 인재를 아끼지 않아 세상에는 인재가 끊어지지 않는다. 그러나 때가 적당치 않으면 나가지 않고, 또 때를 만났다 할지라도 스스로 나가기는 어려운 법이다.

☞ 김시습〈金時習〉〈매월당집〈梅月堂集〉〉

인재의 선택은 등용〈登用〉시키기 전에 해야 한다. 등용한 다음에 선택하려 하면 이미 때는 늦다. 비록 문무백관〈文武百官〉이 많으나 쓸 만한 인재가 없는 것은 등용할 당초에 선택을 잘못했기 때문이다.　☞ 조광조〈趙光祖〉〈정암집〈靜庵集〉〉

사람이 착한 줄 알면서도 이를 승진시켜 중용하지 않고, 사람이 악한 줄 알면서도 이를 물리치고 멀리하지 않으면, 어진 이는 숨어 가려져서 쓰이지 못한다. 반면, 못난 사람들이 높은 관직에 중용되면 국가는 반드시 그 해를 입는다.

☞〈삼략〈三略〉〉

자기의 공로를 자랑하지 않는 자야말로 윗자리에 설 수 있는 인재이다.
공로를 자랑하지 않는 사람은 남에게 요구함이 없고, 요구하는 것이 없으면 남과 다투지 않기 때문이다.

☞ 사마양저〈司馬穰苴〉〈사마법〈司馬法〉〉

미끼로써 고기를 낚으면 고기를 잡을 수 있고, 녹(祿)으로 인재를 모으면 천하의 인재를 남김없이 부를 수 있다.

☞ 강태공(姜太公)

천하와 국가를 다스리는 요점은 사람을 씀에 있을 따름이다.

☞ 정도전(鄭道傳)〈삼봉집(三峰集)〉

사람을 잘 보는 자는 그 처음을 보고, 사람을 잘 살피는 사람은 그 평시(平時)를 살핀다.

☞ 김시습(金時習)〈매월당집(梅月堂集)〉

지금 세상에는 인재를 씀에 있어서 오로지 그 글과 재주만을 귀히 여기고, 그 덕의(德義)는 귀히 여기지 않는다.

☞ 이이(李珥)〈율곡집(栗谷集)〉

그릇이 크고 작음에 따라 받아들임이 많기도 하고 적기도 하며, 그릇이 깨끗하고 더러움에 따라 받아들임이 맑기도 하고 더럽기도 하다.

☞ 유숭조(柳崇祖)

사람을 쓸 때 그 덕행은 마땅히 앞세우고, 그 재주는 뒤로 돌려야 한다.

☞ 권발(權撥)〈중재집(仲齋集)〉

말을 수레에 매어 몰고 다니면서 그 결과를 보면, 곧 노예라 할지라도 둔한 말인가 좋은 말인가를 의심 없이 알게 된다. 그러나 용모를 보고 말을 들어보기만 해서는 공자(孔子)도 선비들을 판단할 수가 없다. 하지만 관직으로 시험해 보고 그 공적을 검토해 보면 범인이라도 그가 얼마나 어리석은지, 지혜로운지를 의심 없이 알게 된다.

그래서인지 명석한 임금의 인재 등용을 보면 세상은 반드시 고을 관청에서 기용되고, 날랜 장수는 반드시 병졸 대열에서 나온다.   ☞ 한비자(韓非子)

한 올의 그물로는 새를 잡지 못하고, 먹이 없는 낚시로는 고기를 낚지 못한다.

그렇듯이, 선비를 보고 예우(禮遇)할 줄 모르면 현명한 인재를 얻지 못한다.   ☞ 회남자(淮南子)

근본 되는 군주가 약하고, 가지나 잎에 해당하는 신하가 강대하며, 신하가 도당을 짜고 세도가 당당한 관직에 있으며, 비천한 자가 귀한 자를 짓밟고, 시일이 경과할수록 그 위세가 더욱 커짐에도 위에 있는 자가 이를 바로잡지 못하며, 폐지하는 데 강력한 힘을 쓰지 못하면 국가는 반드시 패망한다.   ☞ 〈삼략(三略)〉

왕이 인재를 등용할 때는 누구에게나 납득이 가도록 공정을 기해야 한다. 아랫자리에 있는 사람을 윗사람 위에 앉히거나, 친분이 먼 사람을 가까운 사람 위에 앉히는 일은 신중을 기해야 한다.　　　　　　　　　　　☞ 맹자(孟子)

신하들이 따르고 백성들이 통일되기를 바란다면, 정치를 돌이켜 살펴봄이 가장 좋은 방법이다. 정치를 닦고 나라를 아름답게 하려면 합당한 사람을 구하는 것보다 더 좋은 방법은 없을 것이다.　　　　　　　　　　　☞ 순자(荀子)

의로운 선비는 밝게 살필 수 있기 때문에 벼슬에 임용되면 세가(勢家)들의 음험(陰險)한 감정을 밝힌다. 또한 법도에 능한 선비는 강직하기 때문에 벼슬에 임용되면 권세가들의 간사한 행동을 바로잡는다.
그러므로 술법을 알고 법도에 능한 선비를 등용하면 귀한 자리에 있는 신하들이 반드시 권세를 빼앗기게 된다.
이것이 술법을 알고 법도에 능한 선비와 실권자들이 공존하지 못하고 원수가 되는 이유다.　　　　　☞ 한비자(韓非子)

자기보다 슬기로운 사람을 보고도 양보할 줄 모르는 자에게는 높은 지위를 주어선 안 된다.　　　　　☞ 관자(管子)

해동청(海東靑)은 천하의 좋은 매이지만 새벽을 알리는 일을 맡기면 늙은 닭만 못하고, 한혈구(汗血駒)는 천하의 명마이지만 쥐 잡는 일을 맡기면 오히려 늙은 고양이만도 못하다. 하물며 닭이 어찌 사냥을 하겠으며, 고양이가 어찌 수레를 끌 수 있겠는가?　　　☞ 이지함(李之菡)〈토정집(土亭集)〉

네가 아는 인재를 기용하라. 네가 모르는 인재야 남들이 어찌 버려두었겠는가.　　　☞ 공자(孔子)〈논어(論語)〉

의심스러운 사람은 쓰지 말고, 사람을 썼거든 의심하지 마라.　　　☞〈명심보감(明心寶鑑)〉

손자(孫子)나 오자(吳子)에게 창을 둘러메게 하면 한 사람 분의 일밖에 하지 못한다.
그러나 그들의 방법을 사용하면 만(萬)의 병사도 능가한다.
　　　☞ 포박자(抱朴子)

멀리 있는 인재(人才)를 불러들일 때 사신만 보내서는 되지 않으며, 가까이 있는 사람과 친화(親和)하는 데 좋은 말만 가지고서 되는 것이 아니다. 오로지 밤에 걷는 것처럼 음덕(陰德)이 있어야 한다.　　　☞ 관자(管子)

잘 다스리는 임금과 뜻이 있는 선비는 군자 대접하기를 난초와 지초 사랑하듯 하며, 소인 피하기를 호랑이나 뱀을 피하듯 한다.　　　☞ 김시습(金時習) 〈매월당집(梅月堂集)〉

큰 계략(計略)을 지닌 사람에게는 잔일을 약삭빠르게 시키지 말아야 하고, 작은 꾀밖에 없는 자에게는 큰 임무를 맡기지 말아야 한다.

사람은 저마다의 재능이 있고, 물건은 제 나름대로의 형태가 있다. 사람에 따라선 하나를 맡겨도 무겁다고 할 사람이 있고, 백을 맡겨도 가볍다고 할 사람이 있다.　　☞ 회남자(淮南子)

낚시에는 세 가지 권도(權道)가 있다.

미끼로 물고기를 취하는 것은 녹봉(祿俸)을 주어 인재를 취하는 것과 같고, 좋은 미끼로 큰 고기가 잡히는 것은 후한 녹봉을 내리면 목숨을 아끼지 않는 충신이 나오는 것과 같으며, 물고기의 크기에 따라 쓰임이 다른 것은 인품에 따라 벼슬이 다른 것과 같다.　　　☞ 강태공(姜太公)

아첨하는 신하가 위에 있게 되면, 전 군사가 불평을 호소한다. 때문에 군주가 아첨하는 신하를 중히 쓰면 반드시 큰 화(禍)를 받으리라.　　　☞ 〈삼략(三略)〉

나라에 바치는 보물(寶物)로는, 어진 이를 추천하고 선비를 추천하는 것보다 더 좋은 것은 없다. ☞ 묵자(墨子)

위태함을 알고 험함을 알면 내내 덫은 없을 것이요, 착한 이를 천거하고 어진 사람을 추천하면 저절로 안신(安身)의 길이 있으리라. ☞ 진종(眞宗)

천하(天下)에는 세 가지 위험이 있다.
덕(德)이 적으면서 임금의 총애를 많이 받는 것이 첫째 위험이요, 재주 없이 높은 자리에 오르는 것이 둘째 위험이며, 큰 공도 없이 후한 녹을 받는 것이 셋째 위험이다.
☞ 회남자(淮南子)

총애(寵愛)를 받거든 욕됨을 생각하고, 편안함에 처하거든 위태함을 생각하라. ☞ 〈명심보감(明心寶鑑)〉

일을 성취시키기는 어려워도 망치는 것은 쉽고, 명성을 세우기는 어려워도 무너뜨리는 것은 쉽다.
천 리 길이의 둑도 개미구멍으로 무너지고, 백 길 뻗은 큰 집도 굴뚝 틈바구니에서 새어나온 연기로 불타게 된다.
☞ 회남자(淮南子)

졸졸 흐를 때 막지 않으면 장차 강을 이루고, 반짝반짝할 때 구하지 않으면 활활 타오를 때 어찌하랴. 떡잎 때 따내지 않으면 장차는 도끼를 써야 한다.　　☞ 강태공(姜太公)

언덕은 낮은 것이 쌓여서 높아지고, 강은 작은 물이 합류하여 커진다. 이와 마찬가지로 대인은 작은 지혜를 합하고, 아울러 큰 지혜를 이룬다.　　☞ 장자(莊子)

중단해선 안 될 데서 중단하는 사람은 어느 하나 중단하지 않는 것이 없으며, 후하게 할 처지에 박하게 구는 사람은 어느 하나 박하게 굴지 않는 것이 없을 것이다.
　　☞ 맹자(孟子)

한 발짝이 쌓이지 않으면 천 리 길을 갈 수 없고, 작은 흐름이 쌓이지 않으면 강과 바다가 이룩될 수 없는 것이다.
공을 이룸은 중단하지 않는 데 있으니, 칼로 자르다 중단하면 썩은 나무라도 꺾이지 않으며, 자르는 것을 중단하지 않으면 쇠나 돌도 뚫을 수 있다.　　☞ 순자(荀子)

근면함은 값을 따질 수 없는 보배요, 신중함은 자신을 지키는 부적(符籍)이다.　　☞ 〈명심보감(明心寶鑑)〉

새끼도 톱 삼아 쓰면 나무가 끊어지고, 물방울도 오래도록 떨어지면 돌을 뚫나니, 도(道)를 배우는 이는 모름지기 힘써 참음을 더하라. 물이 모이면 내[川]가 되고 참외가 익으면 꼭지가 빠지나니, 도(道)를 얻으려는 이는 모두 하늘에 맡겨야 한다.　　　　　　　☞ 홍자성(洪自誠)〈채근담(菜根譚)〉

하늘이 내려준 유리한 조건도 땅의 지형적 이로움만 못하고, 땅의 지형적 이로움도 사람들의 화합함만 못하다.

☞ 맹자(孟子)

태산(泰山)은 작은 흙덩이일지라도 사양하지 않고, 강과 바다는 가는 물줄기일지라도 가리지 않는다.

☞ 당태종(唐太宗)〈십팔사략(十八史略)〉

금(金)과 옥(玉)을 숭상할수록 도둑들이 많이 모이고, 명성과 지위가 높아질수록 걱정과 책임이 많이 모인다.

☞ 포박자(抱朴子)

많은 사람들이 미워하더라도 반드시 살펴보아야 하고, 많은 사람들이 좋아하더라도 반드시 살펴보아야 한다.

☞ 공자(孔子)〈논어(論語)〉

만족할 줄 알면 즐거울 수 있고, 탐욕에만 힘쓰면 근심할 것이다.

☞ 〈명심보감(明心寶鑑)〉

재물에 임해서는 구차하게 얻지 말며, 어려움에 임해서는 구차하게 면하려 하지 말고, 다툼에는 이기려고만 하지 말며, 나눌 때는 많이 가지려고만 하지 말 것이다.

☞ 〈예기(禮記)〉

10

정치와 법률

천하(天下)는 국가의 근본이고, 국가는 고을의 근본이며, 고을은 집의 근본이고, 집은 사람의 근본이며, 사람은 몸의 근본이고, 몸은 다스림의 근본이다.　☞ 관자(管子)

만일 왕께서 말씀하시기를 '어떻게 하면 내 나라를 이롭게 할까?' 하시면, 대부(大夫)들은 '어떻게 하면 내 집을 이롭게 할까?' 하고, 관리(官吏)나 서민(庶民)들은 '어떻게 하면 내 몸을 이롭게 할까?'라고 합니다.
이렇듯 상하가 모두 이익만을 추구한다면, 나라는 위태롭게 될 것입니다. (양전왕(梁專王)에게 대답한 말)　☞ 맹자(孟子)

나라에 삼 년 동안 쓸 재정이 저축되어 있지 않으면, 그 나라는 나라답지 못하다.　☞ 정도전(鄭道傳) 〈삼봉집(三峰集)〉

사람을 쉽게 쓰기 때문에 정치가 날로 어지러워지고, 정치가 어지러워지기 때문에 국가가 위태롭고 쇠망(衰亡)해 간다.

☞ 이곡(李穀) 〈가형집(稼亨集)〉

나라에 구 년간의 비축(備蓄)이 없으면 이를 '부족(不足)'이라 하고, 육 년간의 비축이 없으면 이를 '급박(急迫)'하다 하며, 삼 년간의 비축이 없으면 이를 '궁핍(窮乏)'이라 한다.

☞ 회남자(淮南子)

아아, 슬프다. 국시(國是)가 정해지지 않으면 백성들의 마음이 흔들리기 쉽고, 대의명분(大義名分)이 바로잡히지 않으면 선정(善政)이 이루어지지 못하는 법이다.
만일 간악(奸惡)한 무리들의 소굴을 소탕하여 나라의 원기(元氣)를 부호(扶護)하지 못한다면, 군자는 믿을 바가 없어 충성을 다하지 못하고 소인들은 이 틈을 엿보아 그 악함을 계속할 것이다. 그리하면 나라의 꼴이 어찌 될 것인가!

☞ 이이(李珥) 〈율곡집(栗谷集)〉

무릇 나라에 국시(國是)가 있음은 배에 키가 있고 나침반에 지침이 있는 것과 같아서, 열국의 진로(進路)를 결정한다.

☞ 강유위(康有爲)

국고(國庫)는 텅 비었는데 대신(大臣)의 창고는 충실(充實)해지고, 대대로 살아온 집들은 가난해지는데 떠돌이와 사는 자들은 부(富)해지며, 농사지으며 전쟁하는 사람들은 곤궁해지는데 사업(事業)이나 공업(工業)에 종사하는 사람들은 이득을 크게 올리는 나라라면, 그 나라는 망하는 것이 당연하다.

☞ 한비자(韓非子)

독립은 선전이나 허장성세(虛張聲勢)만으로 되는 것이 아니다. 독립의 가장 근본적 요소는 각성한 민중(民衆)이다. 그러므로 우리는 민중 교양(敎養)에 총력을 집중하지 않으면 안 될 것이다.

이천만 민중이 총궐기하여 독립을 부르짖게 되면 한국의 독립은 반드시 성취될 것이다.

☞ 서재필(徐載弼) (상해임시정부 대통령에게 보낸 건의문)

본(本)부인(婦人)은 천해지고 비첩(婢妾)들이 존귀해지며, 태자(太子)는 낮아지고 서자(庶子)들이 높아지며, 대신(大臣)들은 경시되고 내시(內侍)들이 중시되는 것을 안팎이 서로 어긋났다고 말한다.

이렇듯 안팎이 서로 어긋나는 나라는 망할 것이다.

☞ 한비자(韓非子)

네 소원이 무엇이냐고 하느님이 내게 물으시면 나는 서슴지 않고 "내 소원은 대한 독립이오" 하고 대답할 것이다. 그 다음 소원은 무엇이냐고 하면, 나는 또 "우리나라의 독립이오" 할 것이요, 또 그 다음 소원은 무엇이냐고 세 번째 물으시면 나는 더욱 소리를 높여서 "나의 소원은 우리나라 대한의 온전한 자주 독립이오"라고 대답할 것이다.

☞ 김구(金九)〈백범일지(白凡逸志)〉

나는 진정으로 일본이 망하기를 원치 않고 좋은 나라가 되기를 원한다.
이웃인 대한 나라를 유린하는 것은 결코 일본의 이익이 아닐 것이다. 원한 품은 이천만을 억지로 국민 중에 포함시키는 것보다 우정 있는 이천만을 이웃 국민으로 두는 것이 일본의 득일 것이다.
그러므로 대한의 독립을 주장하는 것은 동양의 평화와 일본의 복리(福利)까지도 위함이다.

☞ 안창호(安昌浩)〈안도산 전서(安島山 全書)〉'주요한' 편

지식이 결여되고 애국심이 박약한 이 국민으로 하여금 나라가 곧 제 집이라는 것을 깨닫게 하기 전에는, 그 어떤 것으로도 나라를 건질 수 없다. ☞ 김구(金九)〈백범일지(白凡逸志)〉

지혜로써 법(法) 어기기를 좋아하고, 때때로 공사(公事)에 사사로운 이해관계를 섞어 처리하며, 금령(禁令)을 변경하고, 명령(命令)을 자주 바꾸는 나라는 망할 것이다.

☞ 한비자(韓非子)

의(義)가 지켜지지 않으면, 그 나라가 비록 클지라도 반드시 망할 것이다.

사람에게 착한 뜻이 없다면, 아무리 힘이 있다 해도 반드시 상하고 말 것이다.

☞ 회남자(淮南子)

그대는 나라를 사랑하는가? 그러면 먼저 그대가 건전한 인격인(人格人)이 되라.

백성의 병고(病苦)를 가엾게 여기거든 그대가 먼저 의사가 되라. 의사까지는 못 되더라도 그대의 병부터 고쳐서 건전한 사람이 되라! ☞ 안창호(安昌浩) '대성학교 학생과 후배 청년에게'

여러 사람이 우기면 평지(平地)에도 숲이 나고, 날개 없이도 날 수 있다.

☞ 회남자(淮南子)

법(法)은 천하(天下)의 저울과 말이며, 군주(君主)가 좇아야 할 먹줄이다.

☞ 회남자(淮南子)

나는 사천 년 우리 조국을 위해, 또한 이천만 우리 동포를 위해, 동양대국의 평화를 교란하는 간악한 적을 죽였으니, 나의 목적은 이와 같이 바르고 크다. 나는 국민의 의무로, 내 몸을 죽여 어진 일을 이루고자 할 뿐이다.

내 이미 죽음을 각오하고 결행한 바이니, 아무 한 됨이 없다. 나의 염원은 오직 조국의 독립뿐이다.

☞ 안중근(安重根) '안중근(安重根) 공판기(公判記)'에서

자손은 조상을 원망하고, 후진은 선배를 원망하며, 우리 민족이 불행해진 책임을 자기 이외의 것으로 돌리려고 하는데, 대관절 당신은 왜 못 하고 남만 책망하려 하는가?

우리나라가 독립 못하는 것이 다 나 때문이로구나 하고 가슴을 두드리며 아프게 뉘우칠 생각은 왜 못 하고, 어찌하여 그놈이 죽일 놈이라는 소리만 하면서 가만히 앉아 있는가? 내 자신이 죽일 놈이라고, 왜들 깨닫지 못하는가?

☞ 안창호(安昌浩) '흥사단(興士團) 입단(入團) 문답(問答)'

부드러움도 쓸 곳이 있고, 굳셈도 쓸 곳이 있으며, 약(弱)함도 쓸 곳이 있고, 강(强)함도 쓸 곳이 있다.

이 네 가지를 겸해 가지고 형편에 따라 알맞게 써라.

☞ 〈삼략(三略)〉

오호라! 국치(國恥)와 민욕(民辱)이 이에 이르렀으니, 우리 민족은 장차 생존경쟁 가운데서 진멸(殄滅)하리라. 대체 살기를 원하는 자는 반드시 죽고, 죽기를 기약하는 자는 도리어 삶을 얻나니, 제공(諸公)은 어찌 이것을 알지 못하는고? 영환(泳煥)은 죽음으로써 황은(皇恩)에 보답하고, 이천만 동포형제에게 사죄하려 하노라. 그러나 영환은 죽어도 죽지 않고 저승에서라도 제공을 기어이 도우리니, 다행히 동포형제들은 천만 배 더욱 분려(奮勵)하여 지기(志氣)를 굳게하고 학문에 힘쓸지어다. 또한 한마음으로 힘을 다해 우리의자유 독립을 회복하면, 죽은 몸도 마땅히 저 세상에서 기뻐웃으리라. 아! 조금도 실망하지 말지어다! 우리 대한제국 이천만 동포에게 고별(告別)하노라.

☞ 민영환(閔泳煥) '민충정공(閔忠正公)유고(遺稿)

은혜를 베풀어 나간다면 능히 천하도 보전할 수 있지만, 은혜를 베풀어 나가지 않는다면 자신의 처자(妻子)도 보전하기 어려우니라.

☞ 맹자(孟子)

비록 모진 바람에도 쓰러지지 않는 굳센 풀은 되지 못할지언정, 겨울에도 시들지 않은 송백(松柏)이 되리라.

☞ 길재(吉再)〈야은집(冶隱集)〉

나라를 잘 다스림에는, 인재의 등용보다 더 중요한 것은 없다.

☞ 김안국(金安國) 〈모재집(慕齋集)〉

우리나라를 망하게 한 것은 일본도 아니요, 이완용(李完用)도 아니다. 망하게 한 책임자가 누구냐? 그것은 나 자신이다. 내가 왜 일본으로 하여금 손톱을 박게 하였으며, 내가 왜 이완용으로 하여금 조국 팔기를 용서하였던가? 그러므로 망국(亡國)의 책임자는 나 자신이다.

☞ 안창호(安昌浩) '흥사단(興士團) 입단(入團) 문답(問答)'

임금의 세 가지 정책 수단은 다음과 같다.
첫째, 명령을 바로 내리지 않고서는 신하를 부리지 마라.
둘째, 형벌이 아니고서는 민중을 위압하지 마라.
셋째, 녹(祿)이나 상(賞)을 내리지 않고서는 국민을 분발시킬 수 없다.

☞ 관자(管子)

나는 감옥에서 뜰을 쓸고 유리창을 닦을 때마다 하느님께 빌었다.
"우리나라가 독립하여 정부가 생기거든, 그 집의 뜰을 쓸고 유리창을 닦는 일을 해보고 죽게 하소서" 하고.

☞ 김구(金九) 〈백범일지(白凡逸志)〉

대중을 통솔하는 방법에는 오직 위엄과 신의가 있을 따름이다. 위엄은 청렴한 데서 생기고, 신의는 충성한 데서 나온다. 충성되면서 청렴하기만 하면 능히 대중을 복종시킬 수 있을 것이다.　　　　☞ 정약용(丁若鏞)〈목민심서(牧民心書)〉

민심을 따르면 정치가 흥하고, 민심을 거역하면 정치가 패망한다. 그들을 안락하게 해주면 백성들은 근심과 노고를 아끼지 않고, 그들을 부귀하게 해주면 백성들은 가난과 천대도 감수하며, 그들의 안존(安存)을 보장해 주면 백성들은 위험이나 재앙 속에도 뛰어들고, 그들을 능히 생육(生育)시켜 주면 백성들은 멸망과 근절(根絶)도 돌보지 않는다.

☞ 관자(管子)

도(道)에 어긋남으로써 백성들의 관용을 구하지 말며, 백성의 뜻을 어기어 자신의 욕심을 좇지 마라.　☞〈서경(書經)〉

위에서 백성 속이는 일이 날로 많아지면, 백성들이 어찌 거짓을 취하지 않을 수 있으랴.

대저 힘이 모자라면 꾸며대고, 지혜가 모자라면 속이며, 재물이 모자라면 도둑질하게 되나니, 백성들이 속이고 도둑질함은 대체 누구에게 그 책임이 있는 것인가.　☞ 장자(莊子)

잘 다스려지고 어지러워짐은 사람이 하기에 달린 것이지,
때에 관계되는 것은 아니다.
때란 위에 있는 사람이 만들면 되는 것이다.

☞ 이이(李珥) 〈율곡집(栗谷集)〉

무릇 되풀이 못할 말이나 두 번 다시 못할 행동은 국가를
다스리는 사람으로서는 절대로 삼가야 한다. ☞ 관자(管子)

물이 탁하면 물고기가 허덕이고, 정치가 가혹하면 백성들이
흐트러진다. ☞ 회남자(淮南子)

임금은 뿌리[根]이고, 신하는 지엽(枝葉)이다. 뿌리가 좋지
못한데 지엽이 무성했다는 것은 들어보지 못했다.

☞ 회남자(淮南子)

그 임금을 알려거든 먼저 그 신하를 보고, 그 사람을 알려거
든 먼저 그 벗을 보며, 그 아버지를 알려거든 먼저 그 아들을
보라.
임금이 현성(賢聖)하면 그 신하가 충량(忠良)하고, 아버지가
인자하면 그 아들이 효성스러운 법이다.

☞ 왕량(王良) 〈명심보감(明心寶鑑)〉

위정자(爲政者)는 백성들에게 '도둑질하지 마라. 살인하지 마라'고 외친다. 그러나 귀천(貴賤)의 제도(制度)가 성립되는 데서 괴로움이 생기고, 재물을 모으려 하는 데서 투쟁이 시작된다.

지금의 위정자들은 백성을 괴롭히는 귀천의 제도를 만들고, 백성들이 다투는 재물을 모아, 백성들을 핍박하여 쉴 틈을 주지 않는다.

이러고서야 죄 짓는 백성을 없애려 한들 어찌 이것이 가능하랴.

☞ 장자(莊子)

조정은 잘 꾸며져 있는데 논밭은 황폐하고 창고는 텅 비었으며, 위정자는 아름다운 옷을 입고 날카로운 칼을 차며 음식에 배부르고 쓰고도 남을 재물을 가지고 있다면, 이런 것을 '도둑놈의 호강'이라고 한다.

도(道)에 벗어난 일이 아니겠는가.

☞ 노자(老子)

최상(最上)의 제왕(帝王)이 되면 백성들은 그가 있는지조차 의식하지 못한다. 그 다음의 인물인 경우에는 친근감을 느끼어 칭송한다. 또 그 다음의 인물인 경우에는 이를 두려워하고, 다시 그 다음의 인물인 경우에는 이를 업신여긴다.

☞ 노자(老子)

위에 있는 위정자가 꾀를 부리면 백성들이 거짓을 많이 하게
된다. 그러기에 몸이 굽었는데 그림자가 바르다는 것은 들어
보지 못했다. ☞ 회남자(淮南子)

천하는 군주(君主) 한 사람의 천하가 아니라, 천하에 삶을
이어받은 만민의 천하이다. 그러한 천하의 이득을 천하 만민
과 함께 나누려는 마음을 가진 군주라야 천하를 얻을 수
있다. ☞ 강태공(姜太公)

그 나라를 살피고자 하면 그 임금의 덕행(德行)을 보면 알
수 있고, 그 군대를 살피려면 그 장군을 보면 알 수 있으며,
그 나라의 재력(財力)을 살피려면 그 나라 농토(農土)를 보면
알 수 있다. ☞ 관자(管子)

옛날의 어진 임금들은 공적(功績)은 백성에게 돌리고 실정
(失政)은 자기에게 돌렸으며, 바른 것은 백성에게 돌리고 그
릇된 것은 자기에게 돌렸다. ☞ 장자(莊子)

군주는 덕(德)이 없어서는 안 된다. 덕이 없으면 신하가 배반
한다. 또 위엄이 없어서는 안 된다. 위엄이 없으면 군주로서
의 권세를 잃을 것이다. ☞ 〈삼략(三略)〉

임금이 자신의 지위를 공공(公共)의 그릇으로 삼으면, 그 마음 씀이 두루 미쳐 능히 그 혜택이 백성에게 미치게 된다. 그러나 만일 임금이 자신의 지위를 사유물로 삼으면 깨닫지 못하는 가운데 저절로 사사로운 욕심이 생겨, 스스로를 받들어 그 욕심 채움을 일삼게 된다.

☞ 권발(權撥) 〈중재집(仲齋集)〉

임금이란 백성들의 선창자(先唱者)이며, 윗사람은 아랫사람들의 표본이다.
그들은 선창하는 것을 보고서 호응하며, 표본을 보고서 움직인다.

☞ 순자(荀子)

임금의 지위는 지극히 존귀하고 지극히 높다. 존귀하기 때문에 그 책임이 몹시 중하여 가볍지 않고, 높기 때문에 그 형세가 몹시 위태하여 보전하기 어렵다.

☞ 정도전(鄭道傳) 〈삼봉집(三峰集)〉

대개 그 병에 따라 고치는 것이 훌륭한 의원이니, 병들지 않은 자는 고칠 필요가 없는 법이다.
어진 임금이 백성의 처지에 따라 다스려야 하는 것도 이와 같은 이치이다.

☞ 김정국(金正國) 〈사재집(思齋集)〉

큰 원칙이 바르고 작은 원칙도 바르면 우수한 임금이요, 큰 원칙은 바르나 작은 원칙에 있어서는 한 가지가 옳고 한 가지가 그르다면 중간치 임금이다.

큰 원칙이 옳지 않다면, 작은 원칙들이 비록 옳다 할지라도 나는 그 밖의 것은 거들떠보지도 않겠다.　　☞ 공자(孔子)

도리(道理)에 밝은 군주가 그 백성을 부릴 때는 먼저 친화(親和)를 도모한 다음에 대사(大事)를 시작한다.　　☞ 오자(吳子)

예로부터 나라를 잘 다스리는 임금은 현재(賢才)를 가까이 함은 물론이고, 선비의 기풍(氣風)을 바르게 함을 근본으로 삼지 않은 이가 없었다.　　☞ 김인후(金麟厚)

정도(正道)로 다스리는 임금은 백성을 부(富)하게 하고, 나라를 망칠 임금은 국고(國庫)만을 부(富)하게 채운다.

☞ 회남자(淮南子)

나라를 다스리는 일이 한두 가지가 아니지만 민심을 얻는 일보다 더 큰 것이 없고, 나라를 다스리는 길이 한두 가지가 아니지만 민심을 따르는 길보다 더 지나친 것은 없다.

☞ 이준경(李浚慶)〈동고집(東皐集)〉

임금은 위엄이 없음을 걱정 말고, 공정하지 않음을 걱정해야 한다. 공정하면 밝고, 밝으면 위엄이 그 가운데 있기 마련이다.
☞ 이이(李珥) 〈율곡집(栗谷集)〉

구름은 용을 따르고, 바람은 범을 따른다. 진실로 훌륭한 임금이라면, 반드시 훌륭한 신하가 있기 마련이다.
☞ 이이(李珥) 〈율곡집(栗谷集)〉

임금이 백성을 다스리는 길에는 두 가지가 있다. 몸소 인의(仁義)의 도(道)를 실천하고 백성을 사랑하는 어진 정치를 베풀어 천리(天理)의 정도(正道)를 다함을 왕도(王道)라 하며, 인의(仁義) 이름을 빌려 권모(權謀)의 정치를 베풀어 공리적(公利的)인 사욕(私慾)을 채움을 패도(霸道)라 한다.
☞ 이이(李珥) 〈율곡집(栗谷集)〉

스스로 나라 다스리는 수고로움을 싫어하여 여러 신하들을 부리고, 많은 정사(政事)들이 몰려 닥치는 것을 꺼린 나머지 권리를 신하들에게 옮겨 주며, 사람을 죽이고 살리는 기틀과 벼슬이나 재물을 주고 뺏는 권리까지 모두 대신(大臣)들에게 주게 되면, 이런 임금은 침해를 당하기 십상이다.
☞ 한비자(韓非子)

임금이 되거든 오직 굽어볼 따름이요, 신하가 되거든 오직 침착할 따름이다. 굽어보되 멀리함이 없으며, 침착하되 숨김이 없어야 한다.

☞ 강태공(姜太公)

독서라는 것이 가장 유익하며, 혹 글씨를 쓴다든지 글을 짓는 것은 임금으로서 유의할 필요가 없는 것이다.

☞ 세종대왕(世宗大王) 〈해동야언(海東野言)〉

임금이 덕을 밝게 펴지 않고서 나라가 다스려지기를 원함은, 마치 배 없이 바다를 건너려 함과 같다.

☞ 조식(曺植) 〈남명집(南溟集)〉

만일 백성을 보호하려 한다면, 임금은 백성의 부모가 된 마음으로 그들을 사랑해야 한다. 대저 어린아이가 우물에 빠지면, 비록 원수진 사람이라 할지라도 그 집을 멸망시켜 버리려는 의도가 아니라면 반드시 놀라 일어나 그를 구할 것이니, 하물며 그 부모의 마음은 어떻겠는가.

지금은 어린아이가 우물에 빠진 지 오래되었다. 쓸쓸히 여러 해가 지나도 이를 구해 내려는 정치가 실시되고 있지 못함은 임금에게 백성의 부모 된 마음이 아직 지극하지 못하기 때문이다.

☞ 이이(李珥) 〈율곡집(栗谷集)〉

임금이 백성들을 안락하게 해주지 않으면 백성들도 임금을 사랑하지 않고, 임금이 백성들을 잘 살게 해주지 않으면 백성들도 나라를 위해 목숨을 내놓지 않는다.

갈 것이 가지 않으면 올 것도 오지 않는 법이다.

☞ 관자(管子)

임금이 똑똑하지 못하면 나라는 위태롭고, 백성은 혼란하다. 임금이 어질고 훌륭하면 나라는 편안하고, 백성은 잘 다스려진다.

화(禍)와 복(福)은 임금에게 달려 있지만, 하늘의 시운(時運) 또한 따라야 한다.

☞ 강태공(姜太公)

왕의 정교(正敎)가 밝으면 비록 풀언덕에 땅을 그어 성(城)이라 해도 백성이 감히 넘지 못하고, 재앙을 씻어 복(福)이 될 것이다.

그러나 정교(正敎)가 밝지 못하면 비록 장성(長城)이 있을지라도 재해(災害)를 없애지 못할 것이다.

☞ 의상(義湘)〈삼국유사(三國遺事)〉

임금은 배요 백성은 물이다. 물은 배를 뜨게도 하지만, 또한 배를 엎어뜨리기도 한다.

☞ 순자(荀子)

백성을 다스리는 임금은 마치 활 쏘는 사람과 같다. 내 손에서 털끝만큼만 빗나가도 자칫 몇 길이나 어긋나게 마련이다.

☞ 회남자(淮南子)

대저 나라를 다스리는 길은 어진 선비와 일반 백성에게 기대야 한다.

어진 선비를 믿고 의심치 않음을 꼭 자기 심복처럼 하고, 백성을 부릴 때는 꼭 자기 손발처럼 아껴 써야 한다. 그래야만 나라 다스리는 계책이 완전무결해져 조금도 빠짐없는 것이 된다.

☞ 〈삼략(三略)〉

옛 성왕(聖王)들은 나라를 다스림에 있어서 하늘의 도(道)에 순응하고 자연의 이치에 따랐으며, 백성 가운데 덕(德)이 있는 자(者)를 적재적소(適材適所)의 관직에 배치하여 대의명분(大義名分)을 세워 직무를 수행하게 하였다.

☞ 사마양저(司馬穰苴)〈사마법(司馬法)〉

풍년이 든 때에는 백성들이 어질고 착하지만, 흉년이 든 때에는 백성들이 인색하고 악해진다.

이럴진대, 어찌 백성들이 일정한 성격을 지니길 바라는가?

☞ 묵자(墨子)

정치를 어지럽히는 임금에는 세 가지 유형이 있다.

안으로는 욕심이 일어나고 밖으로는 유혹을 받아 백성을 짜내어 자신을 받들게 하며, 충신의 말을 물리치고 스스로 성군(聖君)인 체하여 멸망의 구렁텅이로 빠지는 자는 폭군(暴君)이다.

정치를 잘하려는 뜻은 있으나 간신을 분간하는 총명이 없어 믿는 신하가 어질지 못하고, 맡기는 자가 무능하여 패란(敗亂)을 자초하는 자는 혼군(昏君)이다.

나약하고 주견(主見)이 없고 우유부단하여 하루하루를 인습(因習)대로 꾸려나가, 날이 갈수록 기울어져 가는 자는 용군(庸君)이다. ☞ 이이(李珥) 〈율곡집(栗谷集)〉

편안히 살게 하는 길로 백성을 부린다면 비록 힘들다 할지라도 원망하지 않으며, 살리기 위한 길로 백성을 죽인다면 비록 죽는다 할지라도 죽이는 사람을 원망하지 않느니라. ☞ 맹자(孟子)

민주주의란 국민의 의사(意思)를 알아보는 한 절차 또는 방식이지, 그 내용은 아니다.

즉 언론의 자유, 투표의 자유, 다수결에 복종 ─ 이 세 가지가 곧 민주주의다. ☞ 김구(金九) 〈백범일지(白凡逸志)〉

현인(賢人)은 예(禮)로써 정치를 하기에, 사람들은 허리를 굽혀 복종한다. 성인(聖人)은 덕(德)으로써 정치를 하기에, 사람들은 마음속으로부터 즐겨 복종한다.

허리를 굽혀 복종하는 것은 처음에는 잘 되어 가지만 꼭 끝까지 잘 되리라고는 단언할 수 없다. 그러나 마음으로부터 즐겨 복종하는 것은 처음은 말할 것도 없거니와 끝까지 잘 될 수 있는 것이다.　　　　　　　　☞〈삼략(三略)〉

임금은 나라에 의지하고, 나라는 국민에게 의지한다. 그러므로 국민은 나라의 근본이요, 임금은 하늘이다.

☞ 정도전(鄭道傳)〈삼봉집(三峰集)〉

인간이 공기를 호흡하지 못하면 질식하여 죽는 것과 마찬가지로, 현대 자유민에게 있어서 민주주의가 아니면 사회생활을 영위할 수가 없다.

즉 오늘의 민주주의의 위치는 우리에게 있어서 공기와 같은 것이다.　　　　☞ 조병옥(趙炳玉)〈민주주의(民主主義)와 나〉

무릇 패왕(霸王)의 시발점은 백성이 근본이다. 근본인 백성을 잘 다스리면 나라가 굳게 되고, 근본이 흩어지면 나라가 위태롭게 된다.　　　　　　　　　　☞ 관자(管子)

천하를 이롭게 하는 자는 천하가 그 길을 열어 주고, 천하를 해치는 자는 천하가 이를 막는다. 천하는 한 사람의 천하가 아니며, 천하 만민의 천하인 것이다. ☞ 강태공(姜太公)

백성들이 어진 정치에 따라가는 것은 물이 높은 곳에서 낮은 곳으로 흐름과 같으니라. ☞ 맹자(孟子)

지금 임금이 밭을 갈고 김을 매라고 족치는 것은 백성들의 재선을 두터이 해주기 위해서이다. 그런데도 백성들은 임금을 가혹하다고 생각한다.

형법을 닦고 형벌을 중히 하는 것은 사악함을 금하기 위한 것이다. 그런데도 백성들은 임금을 엄하다고 생각한다.

돈과 양곡을 세금으로 거두어 창고에 재어 두는 것은 기근(饑饉)을 구하고 군량(軍糧)에 대비하기 위한 것이다. 그런데도 백성들은 임금을 탐욕스럽다고 생각한다.

나라 안에서 형벌과 시상을 분별할 줄 알면서도 사사로이 죄를 풀어주지 않고 힘을 합쳐 싸우게 하는 것은 적을 항복시키기 위한 것이다. 그런데도 백성들은 임금을 사납다고 생각한다.

이상 네 가지 일은 편안하게 다스리는 방법인데도 백성들은 기뻐할 줄을 모른다. ☞ 한비자(韓非子)

수령(首領)이나 인도자(引導者)가 영웅이요 호걸이라도, 추종자(追從者)의 정도나 성심(誠心)이 부족하면 아무것도 할 수 없다.

수령이나 인도자가 나라를 망하게 했다 할지라도 악한 사람으로 수령을 삼은 일이나, 악한 일을 하도록 살피지 못하고 내버려둔 일은 추종자들이 한 일이다.

그러므로 일반 국민도 책임을 면할 길은 없다.

☞ 안창호(安昌浩) 〈안도산 전서(安島山 全書)〉 '주요한' 편

아무리 국토가 커도 경작하지 않으면 국토가 아니요, 아무리 고관대작이라 할지라도 충성스럽게 임금을 섬기지 않으면 고관이 아니요, 아무리 백성이 많아도 친화(親和)하지 않으면 백성이 아니다.　　　　　　　　　　　☞ 관자(管子)

사람들은 항용 모두 '천하 국가(天下國家)'라고 말한다.
천하의 근본은 나라에 있고, 나라의 근본은 가정에 있으며, 가정의 근본은 수신(修身)에 있다.　　　　　☞ 맹자(孟子)

문명은 거의가 먹이를 찾는 데 이바지하지만, 진보(進步)는 먹이를 얻는 일이 더욱 어려워지게 한다.

☞ 임어당(林語堂) 〈생활(生活)의 발견(發見)〉

지구상의 모든 나라를 보면 한결같이 혁신을 시행한 나라들은 강대해졌고, 보수적인 정책을 시행한 나라들은 멸망했다. 이처럼 보수와 혁신의 결과가 뚜렷이 구별됨을 알 수 있다. 혁신할 수 있으면 존속되고, 혁신하지 않으면 멸망한다. 철저하게 혁신하면 강국이 되고, 소극적인 혁신으로는 멸망을 면할 길이 없다.

대체로 오늘날의 병은 옛것에 집착하여 개혁을 모르는 데 있다.

☞ 강유위(康有爲)

날마다 진보하지 않는 자는 반드시 날마다 퇴보한다. 진보하지도 않고 퇴보하지도 않는 것이란 있을 수 없다.

☞ 주자(朱子) 〈근사록(近思錄)〉

유신(維新)이란 무엇인가? 파괴(破壞)의 자손이다.
파괴란 무엇인가? 유신의 어머니다.

☞ 한용운(韓龍雲) 〈불교유신론(佛敎維新論)〉

오로지 두려운 일은 임금이 사욕(私慾)을 가지고 있는 것일 뿐이다. 진실로 임금에게 사욕이 없다면, 소인(小人)이 어찌 스스로 그 품속을 뚫고 들어갈 수 있으랴.

☞ 이이(李珥) 〈율곡집(栗谷集)〉

만일 조급히 굴어서 빨리 바꾸려 한다면, 마치 병(病)을 고치기 위해 독약을 마시는 것과 같아서 상하는 바가 많게 된다.

☞ 조광조(趙光祖) 〈정암집(靜庵集)〉

거짓말을 잘 하는 습관을 가진 그 입을 개조(改造)하여 참된 말만 하도록 합시다.

글 보기 싫어하는 그 눈을 개조하여 책 보기를 즐겨 하도록 합시다.

게으른 습관을 가진 그 사지(四肢)를 개조하여 활발하고 부지런한 사지를 만듭시다.

☞ 안창호(安昌浩) 〈안도산 전서(安島山 全書)〉 '주요한' 편

무릇 임금은 백성의 지지를 받지 못하는데 신하가 백성의 지지를 얻거나, 제왕(帝王)의 세력은 작은데 제후(諸侯)의 세력이 크면, 반드시 반역을 일으키게 된다. ☞ 관자(管子)

정치가 유혈(流血) 없는 전쟁이라면, 전쟁은 유혈 있는 정치이다. ☞ 모택동(毛澤東) 〈어록(語錄)〉

부담의 능력(能力)과 그릇의 크기를 모른다면, 이는 정치의 도(道)를 터득한 것이라 할 수 없다. ☞ 관자(管子)

나무가 부러짐은 반드시 좀벌레로 말미암은 것이고, 담이 무너지는 것은 반드시 틈으로 말미암은 것이다. 그렇지만 나무를 좀벌레가 먹었다 해도 거센 바람이 불지 않으면 부러지지 않으며, 담에 비록 틈이 났다 하더라도 큰 비가 내리지 않으면 무너지지 않는다.

천자(天子)가 술책을 지니고 법(法)을 행하여 망할 징조가 있는 임금들에게 비나 바람 같은 존재가 된다면, 그가 천하를 통일하는 일이란 어렵지 않을 것이다.　☞ 한비자(韓非子)

오늘날 정치가 효과를 거두지 못하고 있음은 성실함이 없기 때문이니, 우려되는 바가 일곱 가지 있다.

상하(上下)가 서로 믿으려는 성실 없음이 그 첫째 우려되는 바이고, 신하들이 자기 일에 책임지려는 성실 없음이 그 둘째 우려되는 바이며, 경연(經筵)에서 임금의 어진 덕(德)을 성취하려는 성의 없음이 그 셋째 우려되는 바이고, 현명한 인재를 불러도 받아들이려는 성실 없음이 그 넷째 우려되는 바이며, 재변(災變)이 일어나도 천도(天道)에 응하려는 성실 없음이 그 다섯째 우려되는 바이고, 여러 관리들이 백성을 구제하려는 성실 없음이 그 여섯째 우려되는 바이며, 백성들의 마음이 선(善)으로 향하려는 성실 없음이 그 일곱째 우려되는 바이다.　☞ 이이(李珥)〈율곡집(栗谷集)〉

몸을 망치고 나라를 멸망케 함은 임금 된 사람이 '사(私)'라
는 한 글자를 버리지 못하는 데서 연유한다.

☞ 이황(李滉) 〈퇴계집(退溪集)〉

대개 한 때 한 가지 일에 있어서의 사(私)는 힘쓰면 버리기가
어렵지 않지만, 평소 모든 일에 있어 사(私)를 깨끗이 제거해
버리는 것은 쉽지 않다.　　☞ 이황(李滉) 〈퇴계집(退溪集)〉

조이려 하면 우선 펴 있게 해야 하고, 약(弱)하게 하려면 우
선 강(强)하게 해 두어야 한다. 망하게 하려면 우선 진흥시켜
야 하고, 뺏으려 하면 우선 주어야 한다. 이런 도리를 아는
것을 미명(微明)이라 한다.
부드러운 것은 견고한 것을 이기고, 약한 것은 강한 것을
이긴다. 고기가 깊은 못에서 벗어나면 안 되듯, 나라를 다스
리는 수단을 남에게 알려서는 안 된다.　　☞ 노자(老子)

정치는 때를 아는 것이 중요하고, 일은 성의껏 노력하는 것
이 중요하다. 정치를 함에 있어서 때의 맞음을 알지 못하고,
일을 함에 있어서 성의껏 노력하지 않는다면, 성군(聖君)과
현신(賢臣)이 서로 만났다 할지라도 치적(治績)은 이루지 못
할 것이다.　　☞ 이이(李珥) 〈율곡집(栗谷集)〉

밝은 임금이 위에 있으면 신하들은 사심(私心)을 버리고 공의(公議)를 행하게 된다. 반면, 어지러운 임금이 위에 있으면 신하들은 공의를 버리고 사심을 행사하게 된다.

☞ 한비자(韓非子)

우리가 무슨 목적을 표방하고 단체를 조직하였으나 실제에 있어서는 힘 있는 운동이 되어지지 못하고 간판만 남는 것이 한탄이다. 그 원인이 어디 있는가를 깨달아야 할 것이다. 조직(組織)에 합당한 지식, 조직에 합당한 신의 — 이것을 갖춘 그 인격이 없는 것이 큰 원인이다. 단결의 신의를 굳게 지키면서 조직적 지식을 가진 사람이 없고서는, 간판(看板) 운동이 아닌 실제적으로 힘 있는 운동을 할 만한 결합을 이루기는 절대 불가능할 것이다.

☞ 안창호(安昌浩) 〈안도산 전서(安島山 全書)〉 '주요한' 편

진실로 나에게 정치를 맡겨 주는 군주가 있다면, 일 년이라도 어지간히 다스리고 삼 년이면 훌륭히 다스리리라.

☞ 공자(孔子)

예로부터 간사한 사람이 세력을 잡고서, 그 나라를 그르치지 않은 예는 거의 드물다.   ☞ 이곡(李穀) 〈가형집(稼亨集)〉

오직 임금의 신임만 얻고 백성의 신임을 얻지 못하면, 지위와 녹(祿)은 넉넉할지라도 백성의 원망을 면치 못하고, 지금에는 기림을 받아도 후세에는 기림을 받지 못하며, 공(功)과 이룬 일이 많을지라도 후세의 비방을 면치 못한다.

☞ 이곡(李穀) 〈가형집(稼亨集)〉

거목(巨木)이 풍우(風雨)를 많이 맞는 것처럼 출중한 정치인이나 일을 해보려고 애쓰는 정치인일수록 많은 사람들의 비평의 대상이 된다.

그런 까닭에 정치인 자신도 그 처신(處身)에 조심해야겠지만 그렇다고 사회적 비평을 두려워한 나머지 거기에 구속되어 자기의 판단과 소신을 버리고 팔방미인의 행동을 취한다면, 정치인으로서는 일종의 자멸 행위밖에 될 수 없다.

☞ 조병옥(趙炳玉) 〈민주주의(民主主義)와 나〉

나라를 다스리는 데 법술(法術)과 상벌(賞罰)을 쓴다는 것은 마치 육로(陸路)를 갈 때 튼튼한 수레와 좋은 말을 사용함과 같고, 물 위를 가는 데 가벼운 배와 편리한 노를 사용함과 같다.

이런 것을 이용하는 사람은 마침내 성공하게 될 것이다.

☞ 한비자(韓非子)

옛날 백성을 다스리는 이는 자기의 권세가 높아지지 않음을
근심하지 않고, 백성과 친하지 않음을 근심한다.

또한 백성이 복종하지 않음을 근심하지 않고, 자기의 힘을
다하지 못함을 근심한다.

뿐만 아니라 백성은 악(惡)의 흐름을 탓하지 않고 항상 자기
가 악에 흐르지 않도록 전념했다.

☞ 김인후(金麟厚) 〈하서집(河西集)〉

간사한 영웅들은 서로 짜고 칭찬하여 군주의 총명을 가리고,
각각 사사로운 자를 편들어 군주로 하여금 충신을 잃게 한
다.

☞ 〈삼략(三略)〉

참다운 충성을 바치는 신하는 임금이 덕(德)을 높일 수 있도
록 힘쓰지만, 아첨하는 신하는 임금이 땅을 넓히는 것만을
힘쓰게 한다.

☞ 회남자(淮南子)

공평한 정론(正論)에는 손을 범하지 말 것이니, 한 번 범하면
수치를 만세에 남긴다.

권세와 사리에는 발을 붙이지 말 것이니, 한 번 붙이기만
하면 종신토록 씻을 수 없는 오점이 된다.

☞ 홍자성(洪自誠) 〈채근담(菜根譚)〉

진실로 자기의 몸이 바르기만 하면 정치에 종사함이 무엇이 어려우랴. 그러나 그 몸이 바르지 못하다면 백성을 어떻게 바로잡을 수 있으랴. ☞ 공자(孔子)

병들어 죽는 자의 병에 옮아 앓는다면 그 의사를 양의(良醫)라 할 수 없듯이, 나라가 망하는 데도 그 길을 같이 걷는다면 경세가(經世家)라 할 수 없다. ☞ 회남자(淮南子)

부귀와 명예가 도덕으로부터 온 것은 수풀 속의 꽃과 같으니 절로 잎이 피고 뿌리가 뻗을 것이요, 공업(功業)으로부터 온 것은 화단 속의 꽃과 같으니 이리저리 옮기면 흥폐(興廢)가 있을 것이다.
만일 권력으로써 얻은 것이면 화병 속의 꽃과 같으니, 그 뿌리를 심지 않은지라 시들음을 가히 서서 기다릴 수 있으리라. ☞ 홍자성(洪自誠)〈채근담(菜根譚)〉

하늘이 만물을 다스림에 있어서 비와 이슬로 이를 살리고, 서리와 눈으로써 이를 죽이되 인(仁)이 아닌 것이 없다. 어진 임금이 백성을 다스림에 있어서 덕(德)과 예(禮)로써 이들을 기르고, 형벌로써 이들을 위협하되 교화(敎化) 아닌 것이 없다. ☞ 이언적(李彦廸)〈회재집(晦齋集)〉

권세 있는 호걸이 조정 백관(百官)의 벼슬을 좌우하게 되면 국가의 위세가 쇠약해진다.

생살여탈(生殺與奪)의 권한이 호걸에게 있으면 국가의 위세가 갈진(竭盡)해 버린다.

호걸이 고개를 숙이고 권력과 세력을 부리지 않아야 국운(國運)이 오래 지속될 것이다.　　　　　☞〈삼략(三略)〉

권세가 본디 흉한 것은 아니건만 고관들의 재앙은 이 권세에서 많이 나오며, 보옥(寶玉)이 본디 나쁜 것이 아니건만 일반 사람들의 재앙은 보옥에서 많이 나온다.

　　　　　☞ 이지함(李之菡)〈토정집(土亭集)〉

복록(福祿)이 있다고 다 누리지 마라. 복록이 다하면 몸이 빈궁해지리라. 세력을 지녔다고 마구 부리지 마라. 세력이 다하면 원한에 찬 사람과 만난다.

복록이 있거든 항상 스스로 공손하라. 인생에 있어 교만과 사치는, 처음은 있으나 흔히 나중은 없다.

　　　　　☞〈명심보감(明心寶鑑)〉

정치를 잘하는 길에는 백성의 마음을 따름보다 더 큰 것이 없다.　　　　　☞ 김정국(金正國)〈사재집(思齋集)〉

백성들의 네 가지 소원 — 일락(佚樂) · 부귀(富貴) · 존안(存安) · 생육(生育)을 충족시켜 주도록 잘 다스리면 먼 곳의 사람들도 스스로 친근하게 찾아들 것이며, 백성들이 싫어하는 바 네 가지 — 우로(憂勞) · 빈천(貧賤) · 위추(危墜) · 멸절(滅絕)을 초래하도록 잘못 다스리면 친근하던 자들까지 반역자가 된다.

그러므로 '주는 것이 취(取)하는 것이 된다'는 것이 바로 정치의 보배로운 비결이다. ☞ 관자(管子)

권세와 명리(名利)의 시끄러움은 애당초 이를 가까이하지 않은 이가 깨끗하지만, 이를 가까이하고서도 물들지 않는 이가 더욱 깨끗하다.

권모와 술수는 애당초 이를 모르는 이가 높다고 하겠으나, 이를 알고서도 쓰지 않는 이가 더욱 높다 하겠다.

☞ 홍자성(洪自誠) 〈채근담(菜根譚)〉

임금의 영예와 욕됨은 돌아보지도 않고, 나라가 잘되고 못되는 것도 돌아보지 않고서, 오로지 간사하게 영합(迎合)하여 구차히 받아들이고, 감투를 지탱하기 위하여 교제를 널리 하고자 애쓸 뿐인 신하, 이를 일컬어 국적(國賊)이라 한다.

☞ 순자(荀子)

권세 있는 사람이 서로 겨루고 영웅호걸이 으르렁거리는 것을 냉정한 눈으로 보면, 버린 음식을 보고 모여든 개미와 같고, 다투어서 피를 빠는 파리와 같다.

벌떼 일듯이 시비를 가리거나 고슴도치 바늘 서듯이 냉정하게 득실을 따지는 것도 마치 풀무로 금(金)을 녹이고, 끓는 물로 눈을 녹임과 같다. ☞ 홍자성(洪自誠)〈채근담(菜根譚)〉

가슴속의 사소한 부정은 술로 씻을 수 있으나, 천하의 부정은 검(儉)이 아니고서는 제거할 수 없다.

☞ 임어당(林語堂)〈생활(生活)의 발견(發見)〉

정치를 하는 길에 반드시 먼저 힘써야 할 것이 있으니, 진실로 그 근본을 얻는다면 잘 다스리는 것이 무엇이 어려우랴.

☞ 권근(權近)〈양촌집(陽村集)〉

성인(聖人)이 정치를 하는 근거가 되는 도(道)에 세 가지가 있다.

첫째는 이익이요, 둘째는 위세요, 셋째는 명분이다.

이익이란 민심을 얻는 근거가 되고, 위세란 법령을 시행하는 근거가 되며, 명분이란 상하가 다같이 따라야 할 근거가 된다. ☞ 한비자(韓非子)

나라에는 네 줄기가 있어 나라를 받들고 있으니, 한 줄기가 끊어지면 나라가 기울고, 두 줄기가 끊어지면 나라가 위태롭게 되며, 세 줄기가 끊어지면 나라가 엎어지고, 네 줄기가 끊어지면 나라는 멸망한다.

네 줄기란 첫째 예(禮)를 말하고, 둘째 의(義)를 말하며, 셋째 염(廉)을 말하고, 넷째 치(恥)를 말한다.

예(禮)란 절도(節度)를 넘나지 않음이고, 의(義)란 스스로 나서지 않음이며, 염(廉)이란 악(惡)을 감싸지 않음이고, 치(恥)란 사악(邪惡)함을 따르지 않음이다.

그러므로 사람들이 예를 지켜 절도를 넘나지 않으면 윗사람이 안존(安存)할 것이며, 자기만을 내세우는 일 없이 의(義)를 지키면 백성들이 교사(巧詐)롭지 않을 것이며, 염직(廉直)하여 자기 죄악을 감싸지 않으면 모든 행실이 저절로 온전하게 되며, 수치를 알아 사악함을 따르지 않으면 간사한 일이 일어나지 않을 것이다. ☞ 관자(管子)

관직에 있는 이를 위한 두 마디 말이 있으니, 오직 공정하면 밝음이 생기고, 오직 청렴하면 위엄이 생긴다 함이 그것이다. 집에 있는 이를 위한 두 마디 말이 있으니, 오직 너그러우면 불평이 없으며, 오직 검소하면 모자람이 없다 함이 그것이다. ☞ 홍자성(洪自誠) 〈채근담(菜根譚)〉

사람의 도(道)는 정치에 신속히 작용하고, 땅의 도(道)는 나무에 신속히 작용한다. 정치란 창포(菖蒲)나 갈대처럼 빨리 자랄 수 있는 것이니라.　　☞ 자사(子思)〈중용(中庸)〉

좋은 정치란 백성들을 있는 그대로 방임해 두는 것이라고는 들었어도 그들을 다스리는 것이라고는 듣지 못했다. 있는 그대로 두는 것은 사람들의 타고난 천성이 삐뚤어질까 두려워해서이며, 방임해 두는 것은 사람들의 타고난 덕성이 변할까 두려워해서이다. 그들의 천성이 삐뚤어지지 않고 그들의 덕성이 변하지 않는다면, 어찌 그들을 다스릴 것이 있으랴.　　☞ 장자(莊子)

큰 이익을 보고도 나아가지 않고, 환난의 발단을 알고도 이에 대비하지 않고, 전쟁과 수비에 관한 일을 천박하게 여기면서 인의(仁義)로써 스스로를 장식하기에 힘쓰는 나라는 망할 것이다.　　☞ 한비자(韓非子)

위에는 두려운 하늘이 있고 아래에는 두려운 백성이 있어, 정치를 편안히 하면 태산이 움직이지 않음과 같고, 위태로이 하면 달걀을 포개놓아 무너지기 쉬움과 같다.　　☞ 김정국(金正國)〈사재집(思齋集)〉

벼슬자리에 있는 이는 반드시 성냄을 경계하라. 일에 옳지 못한 점이 있을지라도 마땅히 자상하게 처리하노라면 반드시 맞아들 것이나, 만약 성내기부터 먼저 한다면 오직 자기 자신에게만 해로울 뿐, 어찌 남에게 해로우랴

☞ 〈명심보감(明心寶鑑)〉

백성을 사랑하고, 백성에게 이득을 주고, 백성을 부유하게 해주고, 백성을 안락하게 해주라. 이 네 가지는 올바른 정치도(政治道)에서 나온 것이다.

백성과 생산을 앞세우면 잘 다스릴 수 있고, 귀족만을 앞세우거나 교만을 마구 떨면 멸망할 것이다.

그러므로 옛날 현군(賢君)들은 앞세울 것과 뒤돌릴 것을 잘 분별(分別)했다.

☞ 관자(管子)

큰 덕행(德行)이 인(仁)에 미치면 나라를 통치함에 있어 백성의 지지를 얻을 것이요, 슬기로운 자를 보고 양보할 줄 알면 대신들이 화친(和親)·협동(協同)할 것이요, 형벌을 내림에 측근이나 고귀한 자를 피하지 않으면 위신이나 권위가 이웃 적국에까지 서게 될 것이요, 농사를 애호하고 진작시키며, 세금의 부과와 징수를 신중히 하면 백성들이 저마다 산업(産業)에 애쓰게 될 것이다.

☞ 관자(管子)

나라는 존속할 수 있고, 사람은 삶을 누릴 수 있다. 그러나 나라는 인의(仁義)로써만 존속할 수 있고, 사람은 선행(善行)으로써만 삶을 누릴 수 있다. ☞ 회남자(淮南子)

왕업(王業)을 이룬 나라에서는 백성을 부유하게 하고, 패업(霸業)을 이룬 나라에서는 관리를 부유하게 하며, 간신히 명맥을 유지하는 나라에서는 겨우 위정자(爲政者)를 부유하게 하고, 망해 가는 나라에서는 오직 군주(君主)의 창고만 넉넉하다.
이른바 권세 있는 사람은 가득 차지만, 아랫사람은 물독 밑에 빠진 것처럼 되어, 그러한 나라는 환난이 생겨도 건질 길이 없다. ☞ 위조자(尉繚子)

우리들이 나라를 구출하고 나라를 세우는 것은 흡사 목수가 집을 짓는 것과 같은 것이니, 다만 응용할 수 있는 재료만을 구하기만 하면 될 뿐 그것이 어디에서 왔는지는 상관없는 것이다. ☞ 호적(胡適 〈호적 문선(胡適文選)〉

벼슬에 임하는 법도는 오직 세 가지가 있으니, 청렴(淸廉)과 신중(愼重)과 권면(勸勉)이다.
이 세 가지를 알면 몸 가질 바를 알리라. ☞ 여본중(呂本中)

정치를 소홀히 말고, 백성 다스리기를 아무렇게나 하지 마라. 이전에 내가 농사를 지을 때는 갈기를 소홀히 하였더니 결실도 소홀하여 나에게 보복하고, 김매기를 아무렇게나 했더니 결실도 아무렇게나 하여 나에게 보복했다.

이듬해에는 방법을 고쳐 깊이 갈고 김을 잘 매었더니 벼가 무성하게 자라고 결실이 잘 되어, 나는 일년 내내 배부르게 먹을 수 있었다. ☞ 장자(莊子)

땅은 정치의 근본이다. 토지 행정을 옳게 하면 반드시 그에 정비례하는 실적과 수확을 얻을 것이다. ☞ 관자(管子)

예의와 문물제도를 정하고 마련할 때 원칙을 알지 못하면 안 되고, 자료를 분별해 활용할 때 본질을 알지 못하면 안 되고, 백성들을 친화(親和)하여 일치단결시킬 때 법을 알지 못하면 안 되고, 기풍과 풍습을 교화(敎化) 향상시킬 때 덕화(德化)의 이치를 알지 못하면 안 된다.

국민 대중을 움직이게 할 때 통합과 막힘에 대하여 알지 못하면 안 되고, 영(令)을 내리어 반드시 따르게 할 때 지도자로서의 마음가짐과 정신 자세를 가질 줄 모르면 안 되고, 대사(大事)를 반드시 성취시키고자 할 때 계책(計策)하는 법을 알지 못하면 안 된다. ☞ 관자(管子)

농토가 개발되지 않고 백성들의 지지를 얻지 못하면 밖으로
는 적과 대응할 수 없고, 안으로는 굳게 나라를 지킬 수 없다.

☞ 관자(管子)

풍년에는 거친 밭이 없고, 다스려지는 세상에는 난적(亂賊)
이 없다. ☞ 조식(曺植)〈남명집(南溟集)〉

옛날 사람들도 벼슬하기를 몹시 바랐다. 그러나 정당한 절차
를 밟지 않고 벼슬하는 것은 몹시 싫어했다. 정당한 절차를
거치지 않고 벼슬길에 나아감은 마치 남녀가 담에 구멍을
뚫고 서로 엿봄과 같은 것이다. ☞ 맹자(孟子)

관리(官吏)로서 공평하고 결백하고 백성을 사랑하지 않는
자는 참된 관리가 아니다. ☞ 강태공(姜太公)

남의 윗자리에 앉았다고 교만하면 망하고, 남의 밑에 있다고
해서 어지러운 일을 일으키면 형벌을 받게 되고, 더러운 자
리에 있다고 해서 다투면 난리를 일으키게 된다.
이 세 가지 일을 없애지 않으면 비록 날마다 소·양·돼지
같은 세 가지 고기로 봉양한다 해도 오히려 불효(不孝)가
되는 것이다. ☞ 공자(孔子)〈효경(孝經)〉

관직(官職)을 다스림에는 공평 이상의 것이 없고, 재물(財物)에 임함에는 청렴 이상의 것이 없다.

☞ 충자(忠子)〈명심보감(明心寶鑑)〉

나라의 녹(祿)을 먹으면 환란을 피하지 않는 것이 신하된 자의 도리이다. 이제 나라의 일이 이같이 위급하니, 비록 끓는 물이나 불 속에 뛰어드는 일이라도 피하지 말아야겠거늘 어찌 이 한 번 감을 어렵게 생각하랴. ☞ 유성룡(柳成龍)

대개 훌륭한 선비는 벼슬길에 나아가는 것을 어렵게 여기고 물러나는 것을 쉽게 여긴다. 그 다음의 보통 선비는 쉽게 나아가고 쉽게 물러난다. 하등 선비는 나아가는 것은 쉽게 하고 물러나는 것은 어렵게 한다. ☞ 안자(晏子)

원망 받고 있는 자로 하여금 원망하고 있는 사람을 다스리게 하면, 하늘의 이치를 거역하는 것이라고 한다. 원수로 여겨지고 있는 관리로 하여금 원수로 여기고 있는 백성을 다스리게 하면, 그 화(禍)는 구할 수 없게 된다.
백성을 다스리려면 백성을 평안케 해야 된다. 백성을 평안케 하려면 위에 있는 자가 청백(淸白)하여 한 점의 사심(私心)도 없어야 한다. ☞ 〈삼략(三略)〉

지식(知識)은 이에 미치더라도 능(能)히 이를 지킬 어짊을 갖추지 못하였다면, 비록 지위를 얻었을지라도 반드시 이를 잃게 될 것이다. ☞ 공자(孔子)〈논어(論語)〉

위에 있으면서 남에게 교만하지 않는다면 지위가 높아도 위태롭지 않으며, 모든 일을 법도에 맞게 하고 삼간다면 세력이 차도 넘치지 않는다. 지위가 높아도 위태롭지 않으면 길이 귀한 자리를 지킬 것이요, 세력이 차도 넘치지 않으면 길이 그 부(富)를 지키게 된다.

이렇듯 부와 귀를 몸에서 떠나지 않게 한 연후에 능히 그 사직(社稷)을 보존하고 그 백성을 화(和)하게 할 수 있는 것이니, 이것은 대개 제후(諸侯)의 효도(孝道)이다.

☞ 공자(孔子)〈효경(孝經)〉

어진 사람이 높은 지위에 있어야 한다. 만일 어질지 못한 사람이 높은 지위에 있으면 그 악(惡)을 모든 백성에게 부리게 되느니라. ☞ 맹자(孟子)

공(功)이 없는 자가 상(賞)을 받으면 공(功) 있는 자가 떠날 것이요, 악(惡)을 행한 자를 용서하면 선(善)을 행한 자가 해를 받는다. ☞ 이황(李滉)〈퇴계집(退溪集)〉

옛날에 소위 뜻을 얻었다고 함은 고관대작이 되었음을 말한 것이 아니라, 마음의 즐거움에 만족해서 더 바랄 것이 없음을 말한 것이다. 그런데 지금의 소위 뜻을 얻었다고 함은 고관대작이 되었음을 말한다.

그러나 높은 자리에 벼슬함은 타고난 본성과는 관계가 없다. 다만 밖에서 우연히 찾아와 나에게 붙은 것에 지나지 않는다. 따라서 설사 고관대작 같은 것이야 오는 것을 굳이 막을 필요도 없지마는 가는 것 또한 막을 것이 못 된다.

☞ 장자(莊子)

가까운 것을 버리고 먼 것을 꾀하는 자는 수고롭기만 하고 공적을 이룰 수 없다. 먼 것을 버리고 가까운 것을 꾀하는 자는 편안하면서도 좋은 결과를 얻을 수 있다.

☞ 〈삼략(三略)〉

위정자(爲政者)가 바르면 명령하지 않아도 행해지며, 위정자가 바르지 않으면 비록 명령해도 따르지 않는다.

☞ 공자(孔子) 〈논어(論語)〉

대저 백성이란, 여기에 붙지 않으면 저기에 붙는다.

☞ 관자(管子)

세상에 처함에 반드시 공(功)만을 찾지 마라. 허물이 없는 것, 이것이 곧 공(功)이다. 사람에게 베풀되 그 덕(德)에 감동할 것을 바라지 마라. 원망 듣지 않는 것, 이것이 곧 덕(德)이다.

☞ 홍자성(洪自誠) 〈채근담(菜根譚)〉

사람에게 큰 덕행(德行)이 있으면 그의 잘못은 묻지 말고, 그에게 큰 공(功)이 있으면 작은 실수는 탓하지 마라.

☞ 회남자(淮南子)

공(功)을 세운 자에게 존귀한 작위를 부여하고 후한 상을 내리는 것은, 명령에 복종할 것을 권하기 위해서이다.

☞ 강태공(姜太公)

당신의 삶을 변화시키는 명언들
동양명언집

1판 2쇄 인쇄 ｜2019년 05월 20일
1판 2쇄 발행 ｜2019년 05월 25일

엮은이 ｜이원복
펴낸이 ｜윤옥임
펴낸곳 ｜브라운힐
서울시 마포구 신수동 219번지
대표전화 (02)713-6523, **팩스** (02)3272-9702
등록 제 10-2428호

ⓒ 2019 by Brown Hill Publishing Co. 2019, Printed in Korea

ISBN 979-11-5825-069-0 03150
값 12,000원